「人見知り」として生きていくと決めたら読む本

Tokio Godo
午堂登紀雄

すばる舎

はじめに

私は極度の人見知りです。

そのうえ、口下手、ネクラ、引っ込み思案という性向を抱えたまま、五十年近く生きてきました。

人とコミュニケーションを取るのが苦痛――。

こう言うと、誰もが内心こう思うでしょう。

「不利だな」

「損しそう」

「仕事はどうやって回すの？」

「職場の人間関係は？」

「取引先やお客さんに嫌われない？」

「食べていけるの？」


こうした大小さまざまな心配、疑問にズバリお答えしましょう。

大丈夫です、何の心配もありません。

実際、私はいま、とても幸せな生活を送っています。

なぜなのか？

それは「人見知り」として生きていこう——。

こう決め、それでもやっていける環境をつくってきたからです。


「人見知りの定義」はさまざまあるようですが、一般的には、知らない人を見て恥ずかしがったり、初対面の人とコミュニケーションをとったりするのが苦手だと感じる傾向を指します。内気、照れ屋、シャイ、という言葉を当てる場合もあります。

なお、本書における「人見知り」の傾向として、たとえば次のような特徴が含まれています。

「初対面の人と何を話していいかわからない」
「知らない人に話しかけられない」
「雑談が苦手で、会話が続かない」
「沈黙が苦痛で、焦ったり地雷発言をしたりする」
「場を盛り上げたり、気の利いた話をしたりすることができない」
「自己主張が苦手でいつも遠慮する」
「人の輪に入れない、入っても疎外感を覚える」
「人の目が気になる」
「人と一緒にいても孤独感を感じる」

「友だちや心を許せる知り合いがいない、できない」
「警戒心が強く、疑り深い」
「いつも悪い方へ考えてヘコんでしまう」
「無口で笑顔になれない」
「人といると疲れるので、ひとりでいるほうがラク」

もちろん程度の問題もありますので、ほとんどの人には大なり小なり当てはまるものですが、もしこれらで悩んでいる、あるいは生きづらいと感じるなどの自覚症状があるなら、きっと本書がお役に立てると思います。

私自身がそうでしたが、人見知りの程度が重いと、人と話すことを避けざるを得ませんから、みじめな気持ちになったり、自分に嫌気を感じたりします。
その結果、仕事、人間関係、プライベートなどの各場面で、自分らしさを発揮できない、損な役回りをしてしまう、人の言いなりになってしまうなど、不本意な生き方を繰り返すことになりかねません。

こうした事態を避けるために、真っ先にしたいこと。

それこそが、「人見知り」であることを受け入れ、自分を活かす道を探すことです。

人見知りで生きていこうと決めると、心が軽くなります。

クヨクヨイライラすることが減り、日々を快適に過ごせます。

本来の資質を生かして、自分らしく伸び伸びと充実した人生を送れるようになります。

人見知りをひとつの資質として捉え、適した環境に身を置くことで、人生はガラリと変わっていきます。本書が皆さまのお役に立てれば、これに勝る幸せはありません。

午堂登紀雄

二〇一九年十一月吉日

1
ストレスから解放される 人見知りの生き方とは？

2

ムリして自分を変えなくていい
人見知りの「強み」はたくさんある

3

コツがわかれば
乗り切れる
人見知りの「コミュニケーション術」

4

ストレスが激減する
人見知りの「人付き合いのコツ」

5

みんなといても、ひとりでいても楽しい「孤独力」のすごいメリット

6

仕事の「選び方・やり方」にはコツがある

才能を発揮して活躍できる

7

告白せずに付き合える恋愛・結婚戦略

装丁　井上新八
カバーイラスト　加納徳博
本文デザイン・イラスト　草田みかん

1

ストレスから解放される人見知りの生き方とは？

1

人見知りするのは、ごく普通の感情

Check

感受性豊かな自分を生かすコツを知ろう

人見知りの程度はさまざま

一般的に「人見知りする」とは、知らない人を見て恥ずかしがったり、初対面の人とコミュニケーションをとったりするのが苦手だと感じることを指します。

コミュニケーションや対人関係に苦手意識をもっている人の多くが感じる、ごく普通の感情といえるでしょう。

とはいえ、人見知りの度合いには違いがあり、私のように重い人もいれば、軽い人もいます。

人見知りの中にも、さまざまなタイプがいて、初対面のときは緊張しても、打ち解ければ快活に話せる、隠れ外向的な人もいます。

本書では、いわゆる外向的ではないタイプ、すなわち「内向的なタイプの人見知り」についてお話ししていきます。

人見知りの表れ方は、人それぞれで、ときには「内気」「恥ずかしがり屋」「口ベタ」「引っ込み思案」などと称されることもあるようです。私の場合は、複数の症状を併発しており、その意味で重度の人見知りといえます。初対面はもちろん、知り合いになっても、〝人見知り状態〟は続き、なかなか打ち解けて話すことができないからです。

振り返ってみれば、たとえば大学時代のサークルでもすぐに孤立し、行かなくなりました。大学の卒業式もサボっています。親しい友だちはいないうえに、見知らぬ人と一緒に過ごさなくてはならない場は苦痛だったからです。このため、後で卒業証書だけ事務局に取りに行きました。

あるいは友人の結婚式に呼ばれたとき。自分のテーブルに知っている人は誰もおらず、結局、一言も発することなく2時間を耐え抜きました。

会社勤めをし始めた頃、会社の最寄り駅でばったり同僚を見かけると、見つからないようにひっそりルートを変えて通勤していました。会社の飲み会でも、いつもポツンと一人酒状態になります。

これ以外にも、たくさんあります。

でも、悪いことばかりではありません。**極端すぎる人見知りが功を奏して、ある種の〝悟りに似た心境〟が訪れたからです。**

それが「人見知りという自分の性向を受け入れ、逆らわずに生きていく」という姿勢です。

なぜ、このことに気がつかなかったのか、もっと早く知っていれば、もっとラクに生きられたのに、とも思います。

2

ムリして話さない、聞くだけでいい

Check

「聞く力」は地味だが価値がある

人見知りの資質を生かすコミュニケーション方法がある

人見知りする人の多くが、自分を変えようとしているのではないでしょうか。

それはなぜかというと、「社会人ともなれば、たくさんの人と仲良くしたり、会話を楽しくはずませたりしなくてはならない」という考えを刷り込まれているからだと思います。

そのせいでよけい、内気な自分にコンプレックスを感じたり、「うまく話せないのではないか」と気後れしてしまうのです。

まずは、こうした「刷り込み」をいったん頭から消し去ることです。

そして、人見知りの自分に合ったコミュニケーションの取り方とは何かを考えてみましょう。

結論から言います。

会話をするときに、人を楽しませようとしない。

自分から話を振り、場を盛り上げるといったサービスもやめる。

自分から会話をはずませる必要はありません。

なぜなら、人見知りに備わっているある「能力」を生かすことで、相手のほうから会話をはずませてくれるようになるからです。

その能力のひとつが「聞く力」です。

具体的には、聞き役に徹するということです。相手の話を聞きながら、リアクションし、相づちを打って共感してあげるのです。

昨今では自分の気持ちを知ってほしい、認めてほしいという承認欲求が強い人が多いので、じっくり聞いてもらえれば、たいていの人は喜んで、どんどん話してくれるでしょう。

そもそもコミュニケーション能力とは、全員に好かれるような気の利いた発言をすることや、立て板に水のごとくスラスラとしゃべる能力ではありません。「目的に応じて適切に意思疎通できる力」のことです。

意思疎通とはお互いの感情や意図を伝え合うことですが、**人見知りに限っていえば、相手の意図するところを汲み取り、共感することで、相手を尊重している、というメッセージを発信することにまずは比重をおきましょう。**

会話の目的が達成できればよいのですから、ムリして明るく振る舞ったり、饒舌にしゃべったりする必要は必ずしもなく、自分がやりやすい方法でコミュニケーションをとればいいのです。

大事なのは、「人見知りの資質をいかに発揮できるか」を考え追求することです。

実はちょっとしたコツを踏まえることで、ストレスを感じずに、ラクに振る舞えるようになります。

ぜひ、本書でご紹介する方法を試すことで、人と会話するストレスから解放され、「ああ、自分はいまのままでいいんだ」と感じていただき、未来への希望が湧くことを願っています。

3

人と比べず、能力を伸ばす

Check

「自分を変える」のではなく特徴を踏まえ、伸ばしていく

内向的な人は興味関心が自分の内部に向く

自分の資質を活かして生きていくには、内向的であることを受け入れる必要があります。なかにはそれができず、「内向的な性格を変えたい」と思っている方もいるかもしれません。しかし、その努力が報われる可能性はほぼ皆無で、ストレスがたまってつらいだけ。その後に訪れるのは、劣等感と自己嫌悪です。かつて、私も経験済みです。

それはなぜかというと、外向的か内向的かというのは、生きる世界が違うといえるほど、大きな違いがあるからです。

「内向的」とは興味や関心が自分の内部に向かうことであり、外向的とは興味関心が外部に向くことです。

顕著な違いは、エネルギーを得る方法や消費する方法に表れます。すなわち、**どんなときに元気になり、どんなときに元気がなくなるのか、が大きく違うのです。**

外向的な人は、外の世界に出て人と会い、刺激的な経験をしてエネルギーを得ます。
内向的な人は、ひとりになり自分の内部へ向かって思索することでエネルギーを得ます。

また、外向的な人は、ひとりの時間が長く刺激がなければエネルギー不足になるので、外に出て人と会いたくなります。

内向的な人は、外に出て人と会うとエネルギーを消費して疲れてしまいます。だから人と会ったあとは、ひとりになって充電する必要があります。

このように、**内向的な人は、外部からたくさんの刺激を受けるよりも、ひとつのことをじっくり追求するほうを好みます。**

自分で咀嚼し、納得できるまで吟味する

もうひとつの資質の違いは、「内的現実」と「外的現実」のどちらが強いかで表現できます。

たとえば同じ風景を描いても全員違った絵になるのは、みな自分のフィルターを通して世界を見て、加工、表現しているからです。そのため、内的現実が強ければよりデフォルメされた絵になり、外的現実が強ければよりリアルに近い絵になります。

画家や音楽家といった芸術家、漫画家や小説家に内向的な人が多いのは、自分の内部の世界で情報を組み替えたり創造する力が強いからです。つまり彼らは外的現実よりも内的現実のほうが強いといえます。

外向的な人はソーラーパネルのようなもので、内向的な人は充電池のようなもの、という表現を聞いたことがありますが、内向的な人間である私も納得できるところです。

外向的な人、つまり外的現実が強い人は、外部からの刺激にポンポンと反応できるため、会話のレスポンスが小気味いいとか、交渉上手だったりします。

内向的、つまり内的現実が強い人は、外部の刺激をいったん自分の中に取り込んで、消化してから返そうとします。だからレスポンスは遅いし口数も少なくなる傾向が強いのです。

このエネルギーの獲得・消費形態や、内的現実と外的現実の強さ、などといった根本的な資質の違いは、生きる世界の違いともいえます。**内向的な人が外交的になろうと努力するのは、自分の本質に逆らう行為であり、非常にストレスフルですし効果も低い。**つまり内向的な自分を憂い、外向的な人間に変わろうとするのは無駄な努力なのです。

4

「秘められた才能」は
これで開花する

Check

ときには粘り、自己主張する

成長から目を背けてはいけない

自分の性向や資質を否定して、別のタイプになろうとするのはやめましょうと、繰り返し述べてきました。

ただし、注意しなければならないのは、「人と全くコミュニケーションをとらなくてもいい」「苦手なものから全て逃げていい」といった後ろ向きな開き直りを主張しているわけではないということです。

人とのコミュニケーションを過度に避けていると、対人関係のストレスに弱くなるとともに、私たち誰もがもっている人格の多面性を失うリスクがあります。

ともすると、人間不信に陥って誰とも話せなくなったり、開花するはずの能力がしぼんでしまうかもしれません。使っていない筋肉は衰えるように、適度に自分の中にある様々な感情を感じ、それを言葉にして伝えたり、別の人格もときどきは発動してみましょう。

ふだんは、自分の意見を引っ込めてしまう人であっても、仕事のここぞという場面では粘り

強く交渉したり、狡猾な人にはノーを言ってみることです。こうして自分の多面的な人格を発動させることで、トラブルや不快な感情に適切に対処し、乗り越えていく基礎ができます。

特定の人とばかり付き合っていると、こうした訓練ができませんから、いざ違うタイプの人間と対峙したとき、ひどく傷ついたり、不利な条件を飲まされたりしかねません。

傷つくことを恐れて内にこもり、世界が狭くなっていくと、人格の多面性を失い、人としての性能を下げるスパイラルに陥ってしまいます。

こうした事態を避けるためにも、意見を引っ込めてはいけない場面や、自己主張すべき場面では、逃げずに主張する必要があります。

快適で愉快な人生を追い求めるとしても、成長や自己変革を放棄してはいけないのです。

本書でも、**「性格や資質はそのままでいい」というスタンスを取りつつも、それぞれの場面で直面する状況について、「内向的な人見知りの人に適したアプローチがある」という見地から対処法をご紹介していきます。**

2

ムリして自分を変えなくていい 人見知りの「強み」はたくさんある

1

警戒心の強さはプラスに働く

Check

トラブルを回避でき、より良い未来を手にできる

改めて「人見知り」の強みを考える

自然の摂理に従えば、環境に適応できない種は滅んでいくといわれます。

もし人間社会の中で、外向的で人見知りしない人が望ましい資質であるのなら、なぜ内向的な人や、かつ人見知りである人が存在するのか、という疑問が湧いてきます。

古今東西において内向的な人が存在するのは、それが人間社会や種の保存に必要だからであり、それには必ず意味があるということではないでしょうか。

たとえば人見知りというのは、初めての人、見知らぬ人に対する警戒心の強さの表れだと言い換えることができます。それはつまり、**未知の危険に対する感受性が強いということですから、必ずしもマイナスではないといえます。**

反対に、誰とでもすぐに打ち解けられる人は、人間関係の構築という群れを作る能力に長けている一方、打算的な人など自分や自分の集団にとってリスクの高い人間を安易に引き込む確率も上がるでしょう。

危険を察知するアンテナ強度が強いのは、生き延びるために重要な要素です。こうした能力を上手に活かせば、仕事や人間関係、プライベートの各場面で有利になります。将来のリスクを予測することで、諸処のトラブルを回避して、より良い未来を手にする可能性が高まるからです。

また、警戒心が強いおかげで、置かれた状況にまるごと取り込まれるのではなく、そこから距離を置き、状況を批判的に眺めることができる能力を備えているともいえます。

たとえば、パーティーなどで誰かれかまわず名刺交換したり、談笑したりしないことで、客観的かつ俯瞰的に状況を捉え､場の雰囲気に流されない冷静さを保てるという側面もあります。

とりわけ**内向的な傾向が強い人は洞察力が鋭いため、些細な変化も見逃さず、気づきを得やすいですし、自分なりの問いをもち、解を求めるのが得意です。**普段から知的好奇心と問題解決能力が相乗効果でよく働くからです。

このように控えめな外観とは裏腹に、状況に安易に流されず自分独自のやり方で物事を成し遂げる能力を秘めているといえるでしょう。

2

「上書き力」がカギになる

Check

性格は不変ではなく
学習によって
好ましく変わっていく

不要な考えは捨て、刷新していこう

生まれもった資質は変わりませんが、知識や経験を積むことで、「こうありたい」という自分に近づけていくことはできます。

このとき大事なのは、学んだことを上書きしていく「上書き力」です。この力を意識的に磨いていくことで、自分の資質を活かしながら、より快適な人生を送ることができるようになります。

私たちは幼少期から、親や先生との交わりや、友だちとの遊びやケンカといった経験を通じて、「これは良いこと、これは悪いこと」「こうすれば認めてもらえる、これは受け入れてもらえない」といったことを学んでいきます。

それら経験や情報を取り込みながら、「自分の性格」をつくっていきます。

性格とは、生まれ持って備わった資質と、環境・経験から獲得・形成される思考特性と行動特性が合わさったものです。すなわち経験が増え、新たな物の見方を学び、学習していくことでより外界に適応した生き方を手にしています。

つまり性格とは、自身が生き抜くために構築してきた鎧《よろい》であり、「これが自分にとっての適切な方法だ」という、その人にとっての「生存戦略」そのものです。

諸処の心理学の研究をひもとき、私なりに考察した結果、性格は次の**「三つの層」から成り立つと考えられます。第一層は資質、第二層は自己肯定感、第三層は信念です。**

第一層は性格を形成する核となるもので、たとえば同じきょうだいでも、ひとり黙々と遊ぶ子もいれば、誰かにつきまとって一緒に遊ぼうとする子もいるなど、生まれつきの違いがあります。子どものころから内向的であれば、誰から教わることもなく表出しているわけですから、これは生来的な資質であり、変わることはありません。

この第一層の外側にある第二層は、自己肯定感や自尊心といった性格の土台となる基本骨格

性格は
三つの層から成り立つ

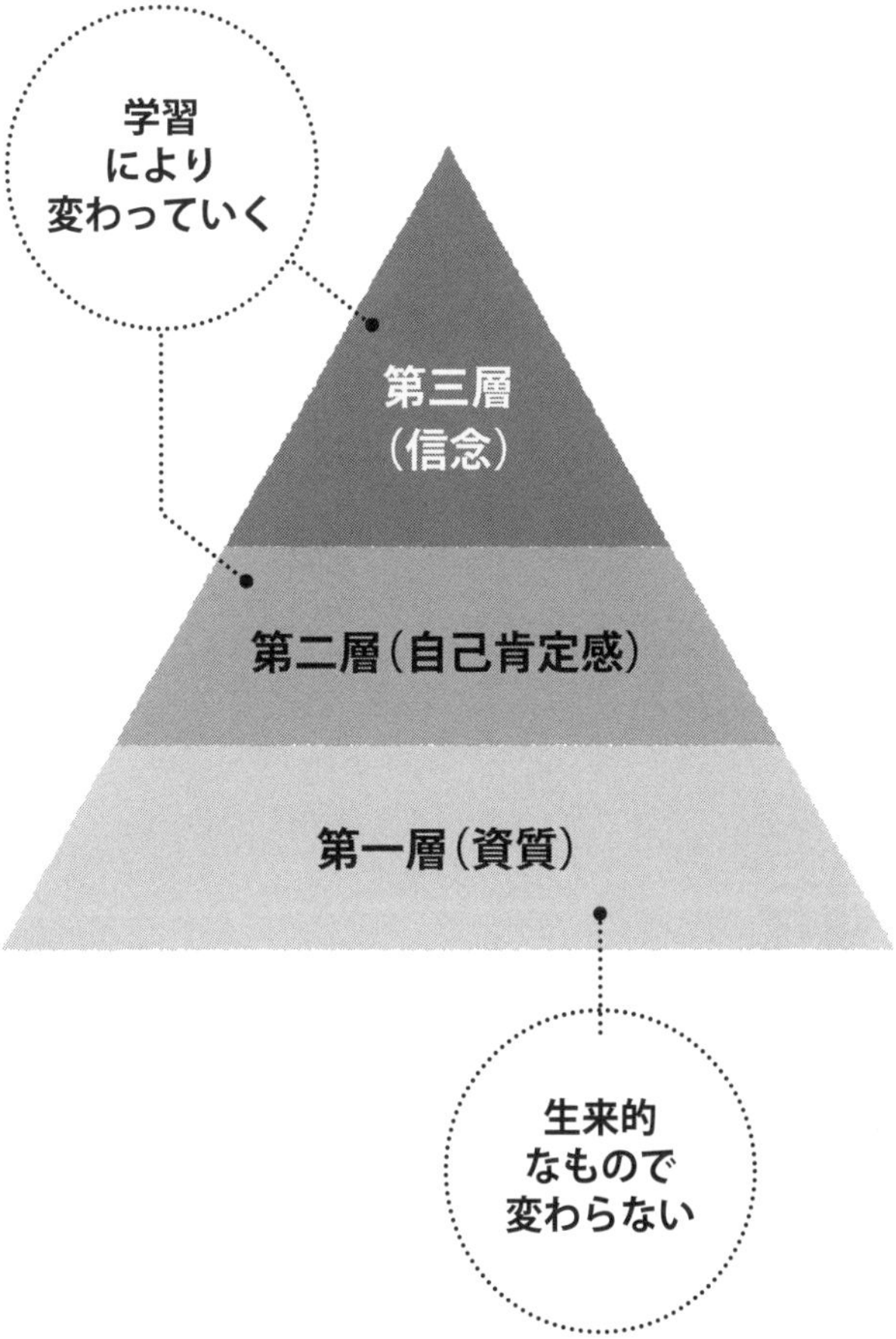

であり、家族など養育者との交わりの中で形成されます。

第三層は、行動原理となる信念です。私たちは、家庭、学校、対人関係、環境などを通じ、「これをしてはいけない」「これをしなければならない」「これが正しい」「これは間違っている」ということを知ります。

あるいは、「こうすればうまくいく、こうしたらうまくいかない」「これは自分にとって有利、こちらは不利」「これは意味がある、これは意味がない」などと学習します。それら経験と学習を通じ、自分の考え方を軌道修正し、環境に適応していきます。

ある環境では自分に有利に働く一方、ときに先入観や固定観念となり、自分を縛ったり苦しめたりすることもあります。

ここで認識すべきことは、第二層、第三層で形成された価値観や信念、考え方は、後天的に学習して獲得したものであるという点です。ということは、新たな学習を通じて上書きすることができるといえます。

つまり、経験を積み、社会的立場や、求められる役割が変わっていく過程で、自分に合わなくなった考え方や価値観などを、捨てたり変えたり新しく取り入れたりすることができるはずなのです。

これこそが「知性」であり、成熟した大人の本来の姿です。この「学習能力」の差が、幸福を掴めるかどうかを分かちます。

そう考えれば、「人見知りはよくない」「社交的な性格こそ望ましい」という発想は、物事を一面からしか捉えていない偏狭な思い込みの一つです。そこでまずは、こうした自分を縛る思い込みを捨てることです。

そして自分が、「いいな」と思った考え方、価値観を取り入れ、自分をバージョンアップさせていくことが大切です。

3

「コミュニケーションが苦手」は思い込み

Check

コミュニケーションの目的に沿えば、聴くだけでもＯＫ

意思疎通する方法はたくさんある

人見知りの人は、「自分はコミュニケーションが苦手であり、下手である」と感じています。しかし、本当にそうなのでしょうか。

前述の通り、コミュニケーションは「自分の意図を的確に相手に伝え、相手の意図を的確に受け止める」ことです。

そう考えれば、自分が一方的にしゃべるだけの単なるおしゃべりは、外向的に見えてもコミュニケーション下手といえます。コミュニケーションは双方向に行われるものなので、一方的に聞かされている相手は欲求不満を感じるでしょう。

その点、**コミュニケーションが苦手だと感じている人は、聴き手に回ることが多いので相手の満足度が高まるなど、むしろ長所になりえます。**

また、コミュニケーションには必ず目的があります。

たとえば、何の目的もないような雑談にも、やはり目的があります。商談前の雑談であれば、場を温めたりお互いの緊張感をほぐしたりするという目的があります。
また交渉においても、自分の要望を強引に押し通すことではなく、自分と相手の双方が満足する落としどころを探るという目的があります。

こうした目的を達成できるなら、あらゆる手段を使うことができます。たとえば目線や表情、身振り手振りといったノンバーバルでメッセージを伝えたり、メールや動画で表現したりするなど、たくさんの方法があります。

仮に話す力で劣っていても、その他の手段を駆使して、総合力でカバーできればいいわけです。

そう考えると、気の利いた会話をしなければならない場面、その場を明るく盛り上げて笑いを取らないといけない場面というのは、実はそう多くないことがわかります。

「このコミュニケーションの目的は何か?」を意識し、「それを達成できればOK」と、いい意味で割り切ると、苦手意識も薄れて必要以上に緊張せずに会話ができるようになります。

なお、引っ込み思案でも周囲から信頼される人はどういう人かというと、「やると言ったことはやる」「できない約束はしない」「自分に非があれば素直に認めて謝る」という、自分にも周囲に対しても誠実な人です。

会社でも、普段は無口でも、スケジュール通りに仕事をきっちりこなす人は信頼されているでしょう。

異性との関係でも同様です。たとえばデートの時間や約束を守る、女性と歩くときは自分が道路側を歩く、ドアを開けてあげる、といった行動をとれば、何も言わずとも「相手を大切にしている」ことを表現することができます。

口下手だからこそ、口でどうこう言うよりも、行動で示すことです。

4

デジタル時代に向いている

Check

メール、SNSなど非対面のコミュニケーションが得意な人は活躍しやすい

時代が求める内向的な資質とは？

そもそも弱みや欠点というのは相対的であり、環境や立場を変えると強みになることがあるのはよく知られています。

たとえば口下手だと人間関係においてマイナスだと考えがちかもしれませんが、一方で誠実でまじめそうな印象を与えることができます。無口な人がたまに言葉を発すれば重みをもって受け止められるし、寡黙さは冷静さとなり、頭が良さそうとか、落ち着いた人と映ることもあります。

自分とは違う別の生き方を探るのではなく、自分の資質を活かして、自分を活かす道を探るほうがはるかに現実的です。

そして、**今後は内向的な人が活躍できる時代が来るのではないかと感じています。**なぜなら、内向的な人の持つ特徴がより望まれる場面が増えているからです。

内向的な人は、メールなどの文章・テキストでのやりとりを好みますが、ＳＮＳなど非対面のコミュニケーション手段が主流となるこれからのデジタル時代にはむしろ向いていると考えられます。

会話では論理性がなくても中身が薄くても、勢いや身振り手振りでなんとか乗り切ることは可能ですが、文章になると論理性のなさは露骨に出てしまいます。

もちろん、電話や対面のコミュニケーションを軽視するわけではありませんが、頻度やウエイトはテキストコミュニケーションが優勢で、その重要性はますます大きくなるでしょう。

そう考えると、**内向的な人が持つ、「口下手だけど論理的」「自己主張は不得手だけど、人の話をよく聞く」「対面や電話は苦手だけど、メールなどの文章を書くのは得意」という特徴が、より活かせる時代になるといえます。**

いまの私も、ほぼノートパソコンだけで完結する生活を送っていますが、自分を活かせる環境が整ってきたように感じます。

たとえば本やコラムのような「書く」仕事は言うに及ばず、クレームや商談なども、ほぼメールで完結します。あなたの周りでも、かつてのように「とりあえずお会いしましょう」というビジネスパーソンは激減しているはずです。

また、電話で話す時間も頻度も圧倒的に減っていて、仕事でも「緊急以外は電話に出ない」「なるべくメールやチャットで」という人も増えています。

異性関係でも、会えない時間はメールやＳＮＳでやりとりしますが、文面次第では会わずに恋愛関係に持ち込むことだって可能です。

つまり内向的な人は、その持ち味である論理的思考力や文章による表現力を、より錬磨することで、外向的な人に後れを取らないどころか彼らを凌駕する才能を発揮することすら現実味を帯びています。

実際、**自閉症の研究で有名なスティーブ・シルバーマンの発表によると、知能の優れた人の約60％は内向型であり、「深く思考する習慣があるから」だといわれています。**

いまは非常にラッキーな時代だと思いませんか？

5

資質を生かせば絶対にうまくいく！

Check

自分の特徴と能力を活かせる仕事を選ぼう

資質を活かせる仕事の探し方とは？

学生時代を思い出してみると、クラスの中でいつも中心にいて人気を集めていた人がいたと思います。ではその人たちはいま、どんな状況でしょうか。成功している人もいるかもしれないし、そうでない人もいるでしょう。つまり、成功や幸福は、外向的か内向的かで決まるわけではないということです。

私は数人のＩＴベンチャーの社長を知っていますが、ほとんどの人は無愛想で、口数も少なくノリも良くありません。

一方、飲食業オーナーもたくさん知っていますが、みなたいてい人懐っこくて、周囲を楽しませる話術に長けています。ホスピタリティも高く、サービス精神旺盛です。彼らがいると場が盛り上がります。

ここからわかることがあります。**成功している人は結局、自分の資質や適性を活かせる職業、**

活かせる分野を選んでいるからこそ活躍できているということです。

- **資質は自分を活かせる世界をある程度限定してくれます。**また、性格は学習して獲得した処世術です。それらを踏まえて、自分が生き抜く方法、生きていく世界を選ぶことが大切です。
- むろん努力しなくていいという意味ではなく、**努力が苦でない環境を選ぶことです。**

たとえば、私の卑近な例で恐縮ですが、すでに出来上がった人間関係の中には入れないので、アルバイトをするときも「居酒屋新店オープンのためアルバイト募集」などと、みんなが初対面で横一列でスタートするものを選んでいました。

あるいは工事現場やビル清掃など、会話をあまり必要とせず、一人で黙々とやる仕事もしたことがあります。肩身が狭い思いをすることなく、黙々とマジメに仕事をするバイトだという評価を受けることができました。

それに、人はある場面では外向的になったり、別の場面では内向的になるなど一定ではありません。

たとえば前述のＩＴベンチャーの社長でいえば、普段は寡黙であっても、仕事に関する話になると饒舌になります。彼らにとって雑談が苦手ならそれは部下に任せればよく、仕事できちんとプレゼンできれば問題ないということなのでしょう。

このように自分の特徴とそれが及ぼす影響を知っていれば、有利に働く場面では能力をフル活用できますし、不利に働く場面では回避行動を取ることができます。

繰り返しになりますが、内向的素質に逆らって別の自分になろうともがくよりも、素質にプログラムされている特徴や能力を活かしていくことが大切です。

3

コツがわかれば乗り切れる
人見知りの「コミュニケーション術」

「人見知り」として生きていく

気疲れしない話し方、振る舞い方がある

Check

ストレスポイントを特定し、上手に避けていく

より快適に過ごせるコツを知っておこう

大勢が集まる会合やパーティー、あるいは人前で話すときは、事前にどのように振る舞うかを決めておけば、落ち着いてコミュニケーションできるようになります。

そして、人見知りならではの切り抜け方があります。

ムリしてその場を盛り上げたり、相手を楽しませたりする必要はありません。それよりも、ひとりの時間を積極的に楽しんだり、相手の話にジッと耳を傾けたりすればよいのです。

自分の性向を正確に把握して、どのような状況が快適なのかを考え、それにフィットする環境を選ぶことです。

また、強いストレスや不安、居心地の悪さを感じる場面、つまりストレスポイントを特定し、その状況をなるべく避けつつ、うまく乗り切る戦略を持つのです。

本章では、その見極め方や対策例を紹介します。

1

パーティーや宴会での振る舞い方

Check

話しかけたりせず、ひとりの時間を楽しもう

乗り切り方は3つある

人見知りの典型的な悩みが「初対面の人に話しかけられない」だと思います。

私も極度の人見知りなので、自分から初対面の人に話しかけることはできません。なぜなら、話しかけても会話が続かないからです。

たとえばパーティー・飲み会・交流会・懇親会・親睦会などではたいていひとりぼっちになります。宴会で座敷に座っても、隣の人に話しかけることもありません。席の移動もしないし、トイレから戻ってもまた同じ席に座ります。

そんな人間なので、知っている人や話せる人がいないイベントには、仕事や義理でない限り行かないことにしています。

とはいえ、全てから逃げ回ることはできませんので、私なりに見つけた3つの乗り切り方をご紹介します。

乗り切り方①

「出席すればOK」と割り切る

そもそも知らない人ばかりの場にいて、いたたまれない思いをするのは、周囲から「誰とも話していないと、寂しい人だと思われるかもしれない」という恐怖心が背景としてあるといえるでしょう。

しかし、他人が実際にどう思っているのか、本当のところは誰にもわかりません。ひとりでいる人を見たときに、「あの人、ひとりぼっちだ」「誰とも話せない人なのかな」とチラッと思うかもしれません。

とはいえ、パーティーでは、みなどれだけ多くの人と知り合えるかに一生懸命になっていますから、ぼっちの人はたいていスルーされます。

ですから、必要以上に「居心地が悪い」と感じるのは自意識過剰なのだと言い聞かせることです。

私の場合、出席する必要に迫られるイベントもありますが、そんなときも**「義理で来ているのだから、出席することに意味があり、義理が果たせればそれでOK」と割り切るようにしています。**そのほうが気持ちがラクになるからです。

知らない人ばかりのパーティーでは、ムリして話しかけようとする必要はなく、むしろリラックスしてその空気を楽しむことです。

居心地の悪さを感じている人は、その不安感が表情や雰囲気ににじみ出て、おどおどした小人物に映りますから、なおさら話しかけにくくなります。

むしろその場の雰囲気を高みから眺めて人間観察に徹しているほうが、余裕のある人物に見えて、逆に「あの人に話しかけてみようかな」と思われやすいといえるでしょう。

特にぼっちの人ほど同類を発見しやすいので、同じぼっちの人から話しかけられる可能性が高まります。

乗り切り方②

ひたすら食べて飲む

義理で出席した懇親会やパーティーでも、私は自分から話しかける勇気がないため、ひたすら食べて飲むことにしています。そういう場はたいてい飲み放題でセルフ立食なので、自分のペースを守ることができます。

ただし、**周囲を拒絶する「近寄るなオーラ」は出さないよう、なるべく上を向いて朗らかな表情を保つようにしており、話しかけられたらもちろん会話をします。**

一方、居酒屋などで着席形式の懇親会をする場合、誰とも話さずにパクパク食べたり飲んだりしていると、すぐに食べ終わってしまうため、食べ物は多めに取る必要があります。

なお、料理が出てきた途端にガバっと取ると、「何をやっているんだ、この人は」と思われる懸念があるので、料理が出てきてもしばらく待ち、数人が取った後で自分の分を「多め」に取るようにしています。涙ぐましい努力です。このように自分のペースで飲み食いしているうちに時間は過ぎていき、宴会は終わります。

乗り切り方③
自分の役割を持つ

最初から知人が誰もいないとわかっているイベントでは、自分がスタッフとして手を上げて運営を引き受けるという方法もあります。スタッフならば他人と余計な会話をする必要がなくなるうえ、会場内外を走り回っていれば気分も紛れるというものです。

一方、社内の他部署や取引先との懇親会など、顔は知っているけれど、それほど親しいわけではない人たちとの宴会の場合はどうすればいいか。

突発的な誘いであれば「予定があるので」と断れますが、忘年会やプロジェクトの打ち上げなどは最初から予定が決まっていることもあります。その場合も、何らかの役割を担うことです。

たとえば、自分が注文を取る・お酌をする・料理を取り分けるといった役割を買って出るのです。

瓶ビールを持って上役にお酌をして回る。グラスがカラになれば、「お飲み物はいかがしますか」と声をかける。そして「お湯割りお願いしまーす！」などと注文を通す。大皿料理や鍋料理であれば、同じテーブルの人によそってあげる。

そうやって**注文係・鍋奉行・お酌委員長に徹すれば、会話を極限まで減らしつつ、周囲に貢献することができますから、居心地の悪さをある程度回避できます。**

自分が目上の立場なら、部下の話を聴くだけに回ればよいでしょう。そもそも上司の話なんて誰も聞きたくないので、ひっそりと（もちろんムッスリとではなく）息を潜めていることのほうが、かえって部下たちへの貢献だと割り切ることです。

宴会やパーティーに
参加するときは……

×	○
頑張って話しかける	ムリして話しかけない
「人脈づくりをしよう」と意気込む	「出席することに意味がある」と割り切る
暗い表情でひっそりたたずむ	朗らかな表情で、ひたすら食べて飲む
何もできず、いたたまれない	可能な範囲で、お酒をついだり、料理を取り分ける

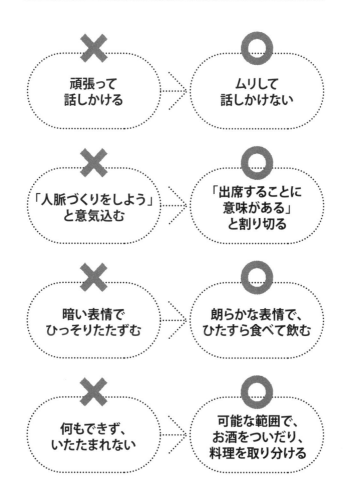

2

人前での話し方

Check

「伝える」ことに
意識を向ければ、
過剰に反応しなくなる

「逃走スイッチ」が入ったときの対処法を持とう

私は若い頃、人前で話すことが大の苦手でした。

人前に出るとドキドキ緊張して赤面し、手が震えたり、大量の汗をかき、突然頭が真っ白になって自分が何をしゃべっているかわからなくなってしまうのです。

大勢の視線が集まると、交感神経が活発になり心拍数が上がります。大昔、祖先が捕食獣に襲われたときの恐怖感がよみがえり、「逃走か闘争か」という本能が目覚め、行動スイッチが入るからなのでしょう。

これは野生動物に限らず、私たち人間の誰にでも少なからず起こることです。誰かと目が合って緊張を感じると、普通の人は「目をそらす」逃走を選びますが、なかには「なにガンつけてんだよ！」と闘争を選ぶ人もいます。

内気でシャイな傾向が強い人は「逃走スイッチ」が過剰に入ってしまうので、できるだけスピーチやプレゼンといった、人前で話す機会はなるべく避けたいものです。しかし、実際にはそうも言っていられないことのほうが多いと思います。そこで、私は次の点を意識して臨んでいます。

乗り切り方④
「伝わるか」にフォーカスする

プレゼンやスピーチをするときは、「うまく話せるか」「良い評価を得られるか」「失敗しないか」ではなく、「伝えたいことがきちんと伝わるか」にフォーカスします。

上手にしゃべらないといけない、かっこいいことを言わないといけない、失敗してはいけないという気持ちが強いと、どうしても緊張しやすくなります。その結果、本当に失敗してしまいます。

テレビのリポーターのプレゼンや、サスペンス映画で弁護士役の俳優が法廷で主張するようなスピーチは別ものです。かっこよく目立つ必要も、上手に話す必要もありません。「大事なことをしっかり伝えよう」という気持ちで臨むと内容に集中できます。

乗り切り方⑤

自意識過剰に気づく

人前に出て「恥ずかしい」という感情は、自分の中の思い込みや妄想によって自分勝手に発動させている場合がほとんどです。

あなたも仮に、他人が何か失敗をやらかしたとしても、すぐに忘れているのではないでしょうか？　ということは、周囲もその程度にしか思わないということです。

自分がした発言を恥ずかしいと思っているのは自分だけで、他人もそう思うとは限らない。ちょっとぐらい失敗したからといって「恥ずかしい」と感じるのは、大いなる自意識過剰、あるいはカン違い野郎ではないか、くらいに割り切ることです。

乗り切り方⑥

書いて読み上げる

次に重要なのは、「準備」と「練習」と「慣れ」です。

私自身、何もなくてもしゃべれるようになったのはここ数年のことで、起業して講演の仕事が増えてきたときも、話すことをすべてパワーポイントに箇条書きにして、それを見ながら講演するスタイルを取ってきました。

「伝えるべきことは全部書いてしまえばいい」という発想で、プレゼンでは箇条書きの中の要点部分を掘り下げて説明し、講演では箇条書きをフックにして関連した内容を話すようにしています。

会議で発言するときも、発言しようと思う内容を書き留めながら人の話を聞けば、「君の意見は？」と突然聞かれても、オドオドせずに対応できます。上司への業務報告も同様で、内容を書いて読み上げればよいので、緊張は和らぐはずです。

結婚式のあいさつといったプライベートな場では、手紙を書いて読み上げることで失敗を回避できます。そのときも、気の利いたことや感動的なことを言おうとする必要はなく、無難にやり過ごせればよいと割り切ることです。

どんなに感動的で素晴らしいスピーチをしても、著名人でもない限り、数年後には忘れ去られるのですから。そういえば私も自分の結婚式のとき、最後の「新郎からの挨拶」は、何日もかけて文章を推敲し、何度も読んで丸暗記しました。

おかげで「いい挨拶だった」と言われましたが、「新婦からの両親への手紙」のほうが強力で、披露宴での感動は、結局新婦にすべて持っていかれる運命にあるんですよね。

3

雑談のコツ

Check

楽しませなくていい、
共感してあげる

共感することから始めよう

どうすれば楽しく雑談できるのか――。

雑談は私にとって、最難関コミュニケーションの一つでした。

商談や打ち合わせなど「明確な目的のある会話」はできますが、軽い世間話といった会話は苦手です。相手から何の気なしに振られた話題に、どのような反応をしたらいいかわからず、沈黙してしまうのです。

雑談なしに仕事の話を切り出すと「冷たい」「サービスが悪そう」など事務的で融通が利かない印象を与える可能性があります。

たとえば商談で初めて相手の担当者と会い、「はじめまして。よろしくお願いします。それでこの商品ですが……」などといきなり仕事の話を切り出すと、さすがに唐突感があり、相手もびっくりするでしょう。

やはり雑談はコミュニケーションの潤滑油であり、同じ付き合うなら好感の持てる相手を選びたいのが人間というものです。

では、人見知りの人ならではの雑談とは、どのようなものなのか？　私なりに見つけた方法をお伝えします。

乗り切り方⑦

楽しませることを目指さない

雑談にも目的があり、それは本題に入る前に相手との関係をリラックスさせる空気をつくることです。雑談をするのは、「自分はあなたの敵ではなく、あなたとの関係を良好にしたいと思っていますよ」というメッセージを伝えるためです。

そのためには、**相手を楽しませようとするのではなく、まずは自分自身がリラックスし、相手との関係を歓迎することです。**

自分が心地よさそうにしていれば、相手も心地よさを感じてくれますし、表情や声のトーンから、歓迎の気持ちは相手にも伝わり、相手もリラックスできます。

なので、雑談では場を盛り上げたり笑いを取ったりする必要はありません。巧みな話術や豊富な話題を持っている必要もありません。

自分からペラペラしゃべらなくても、会話の糸口を提供し、相手に話してもらえばいいのです。自分は話さなくても、相手が話してくれれば間をつなぐことができ、相手もいい気分になれます。

そういう和やかな空気をつくっておけばスムーズに本題に入れますし、やはり終始和やかな会話を続けられ、お互い良い印象で話し終えることができます。

乗り切り方⑧
沈黙の捉え方を変える

雑談が苦手な人に必ずといっていいほど訪れるのが沈黙です。

シーンとした雰囲気にいたたまれなくなり、まったく関係のない話を持ちかけて余計にしらけたり、爆弾発言をして地雷を踏むということにもなりかねません。

焦っていることは相手にも伝わり、「この人焦ってる。余裕のない人ね」と映るし、相手にも「この人、気まずいと思っている。自分も何か話題を振らなきゃ」というプレッシャーを与えてしまうなど、あまりいいことはありません。

まずは発想を変え、「沈黙は悪いことではない」という認識を持つことです。

そもそも言葉は何かを伝えるための手段であり、間を埋めるためのものではありません。

相手もまた、特に話題もないから黙っているわけです。あるいは特に話したくないのかもしれないですし、相手に何か考え事や心配事があり、話す気分ではないかもしれないのです。

そこで、もし沈黙して焦ってしまっても、ひとまず、

「相手にも話す話題がない、話す必要がないから沈黙しているんだ、だから自分も黙っていていいんだ」

と言い聞かせ、いったん相手から目をそむけて窓の外を見たり、リラックスを心掛けることです。このように過ごせれば、「気まずい空間」ではなく「静寂な空間」となりますし、このぐらい余裕があれば、相手が慌てて会話をつないできても、普通に返せるでしょう。

もうひとつは、沈黙は自分だけのせいではないことを認識することです。もし相手が話題豊富であれば沈黙が訪れるはずはないわけですから、相手も自分と同様に雑談下手なのだということ。

それに、話したいことがあるなら相手から話しかけてくるものです。慌ててくだらないことを言って失点リスクを負うよりましなので、いちいち焦らないようにしましょう。

乗り切り方⑨

盛り上がるのは「共感」「あるある」

会話が盛り上がらないのは自分だけのせいではありません。自分の会話が面白くないのと同じくらい、相手の話も面白くないから盛り上がらないわけで、ことさら自分を責める必要はないのです。

ちなみに会話が盛り上がらない大きな理由は「共通の話題がない」「共感できるポイントがない」ということですから、**であれば共通の話題を探したり、共感できるポイントを提供したりすればよいのだということがわかります。**

そこで簡単な方法があります。たとえば初対面で名刺交換をしたときは、相手の名前と住所をよく見ることです。

もし名前が珍しければ、「珍しいお名前ですね、どちらのご出身ですか」という話を振ることができますし、名刺に記載されている住所に土地勘があれば「実は私も○○駅の近くに住んでいたことがあるんですよ」などと共感していますよ、ということを表明することもできます。

これは私自身よく使いますし、そもそも私は「午堂」というかなり珍しい苗字なので、相手からもよく聞かれます。

私の場合は、「私も珍しい苗字なのですが、あなたの苗字も珍しいですよね」と振れば、「そうなんですよ」と会話を広げていくことができます。

反対に、自分の名刺にも相手から質問しやすい（ツッコミを入れやすい）情報を入れておくという方法も考えられるでしょう。

たとえば出身地、趣味、家族構成などなど、相手から話しかけられるフックを名刺に記載しておくのは、自営業者がよくやる方法です。

もうひとつは、訪問先に向かう途中の景色をよく観察することです。たとえば最寄り駅の周辺の状況から相手先に至るまでの景色、訪問先のビルの外観などをよく観察し、到着してからもオフィスの内装や調度品を観察するのです。

すると、「初めて来ましたが、駅前はとてもにぎやかですね」「立ち飲み屋がいっぱいで、帰り道にちょっとひっかけるのによさそうですね」「オフィスのデザイン素敵ですね」など、共通の話題に引き込むことができます。

では、2回目以降に会う人にはどのような共通の話題、共感ポイントを提供すればよいでしょうか。

それは「相手のことを事前に調べておくこと」です。といってもあくまで話題を提供すればよいので、最も簡単なのが相手の業界ニュースについて質問することです。

例えば、「そういえば今朝このようなニュースを新聞で読んだのですが、何か影響はありますか?」と聞いてみる。すると、

「いや、それほどでもないですよ」

「それが、いろいろ面倒になってきてましてね……」

などという反応が返ってきますから、こちらは「そうなんですか」「それは心配ですね」と相づちを打てばいい。これにより自然と会話はふくらんでいきます。
準備した情報をもとに話を振り、シンプルに相づちを打つ。これだけでもその場は和みます。ここにスキルを駆使した会話のうまさなんて必要ない、ということがおわかりいただけると思います。

乗り切り方⑩

質問力で会話がスムーズになる

そもそも人は自分のことを語るのは大好きですし、教えることも好きなものです。ですから、自分が知っている話題を振るのではなく、相手について尋ねるほうがベターです。そうすれば、自然と相手のほうからしゃべってくれます。

その意味では、**人見知りのコミュニケーション術の本丸は、ズバリ「質問力」を高めることです。**

良い質問を適切なタイミングで投げかければ信頼を得やすくなります。なぜなら上手な質問をすることは、「相手の承認欲求を満たしてあげること」でもあるからです。

雑談における質問での重要な点は、「相手がしゃべりたいこと、言いたいことを聞く」ことです。

それはたいてい、相手が自慢したいことなので、

「以前、社内MVPを連続して取られたんですよね」

「秘訣を教えてください」

「すごくお詳しいですよね」

とか、相手のこだわりについて「どうしてですか?」などと聞くことです。

なお、相手について尋ねるときは過去から現在に遡って尋ねるほうが、相手も答えやすくて盛り上がります。そして、相手があまり考えなくても答えられる質問や、迷わずに答えられる

質問を心掛けることです。

たとえば「将来、ご引っ越しのご予定は?」などと聞かれても答えにくいですが、「いつから東京にお住まいですか?」と聞かれれば誰でもすぐに答えられます。

また、抽象的に尋ねるのではなく、できるだけ具体的な選択肢を与えてあげると、相手は答えやすくなります。

たとえばデートのとき、「何を食べたい?」と聞いたら、「何でもいい」という反応だったとします。しかし、これでは何を選んでいいかわからず、「じゃあ、ラーメンにする?」などと言ってしまったら、「コイツ、センスない!」と思われかねません。

そこで、少し具体的な選択肢を並べて質問します。

「じゃあ、イタリアン、フレンチ、和食、中華ならどれにしたい気分?」

などと振れば、コミュニケーションギャップも防げるというものです。

また、質問して返ってきた答えに対して「いや、それはちょっと違うと思うよ」などと否定的な反応をしないよう注意が必要です。

人はだれでも、自分のことを否定する人に反発を覚えますし、いい気分はしないものです。

どのような回答であっても、まずはいったん「そうですね」と肯定してあげることです。

乗り切り方⑪ 良い聴き手になる

聞いてくれる相手がいるから話せる。聞き手が反応すればするほど、相手は会話に酔うことができる。だからこそ、人望を集める人は聞き上手な人といえます。

そう考えると、「自分が自分が」としゃしゃり出ないで聞くことが多い内向的な人のほうが、人間関係を円滑にするには有利といえるでしょう。

特に情報収集の場ではより顕著です。相手が話す時間が長いほど情報を得られるわけですから、情報を引き出すコミュニケーションにおいては、聞き上手な点が活かせるのです。

といっても、ただその場にいるだけでは壁や木と変わらず、「ほんとに聞いてるの？」と相手に感じさせてしまいます。

そこで磨いておきたいスキルが「傾聴力」です。

では、「ただ聞くこと」と何が違うのか。「傾聴力」とは相手を深いレベルで理解し、共感する力とされています。これはある面から見れば、相手がしてほしいリアクションをしてあげるスキルともいえます。

そのために、**相手をよく「観察」し、相手の言葉だけでなく声のトーン、表情やしぐさなどから感情を探ることです。**ここでいう「観察」とは、どこにどのようなリアクションをしてほしいのかと、そのタイミングを見極めることです。

たとえば、相手が、

「ついにディズニーランドに行ってきたよ！」

と言うのと、

「ディズニーランドに行ってきたんだけどさあ……」

と言うのとでは、明らかに言外に込められた感情やその後に言いたいことが異なるとわかるでしょう。前者には「感激」が、後者は「がっかりした気持ち」があったのではないかと推測することができます。

そこでリアクションするときは、前者であれば、「ほんと！　いいな～！」「ついにディズニーランド！　で、どうだった？」になるでしょうし、後者であれば、「え、何かあったの？」といった質問で、相手がしゃべりたいことをしゃべれるよう促すのです。

ネガティブな感情が込められているならその気持ちに寄り沿い、ポジティブであればその気持ちに寄り添うなど、相手の感情を想像し、自分の反応を調整しようとすることで傾聴力が磨かれていきます。

乗り切り方⑫

相づちは「はひふへほ」＋「さしすせそ」を使う

ＳＮＳがこれほど盛り上がっているのは、自分を見てもらいたい、「いいね」を押してもらいたいという、現代人の承認欲求の強さが読み取れます。

そうした相手の承認欲求を満たしてあげるポイントは先ほどから述べているリアクションですが、ここでは「相づち」を紹介します。

相づちは「愛づち」であると言われるように、自分は聞き役に徹し、相手がしてほしい反応をしてあげるのが本当の相づちです。

相づちをするときに意識したいのは、「励まさない」「慰めない」「アドバイスしない」「相手の話を遮らない」「拒否的な立場を取らない」ようにし、会話を促す言葉を継いであげることです。

相づちの鉄板としてよく紹介されるのが、「さしすせそ」と「はひふへほ」でしょう。
次に紹介するのは、それぞれの頭文字の言葉から始まる相づちの一例です。

さ「さすがですね！」
し「知りませんでした」「しびれますね！」
す「すごいです！」「素敵です！」
せ「絶対にそう思います」「センスいいです！」
そ「尊敬します」「その通りですよ」

は「はあ～っ、素晴らしいですね～」「初めてです」
ひ「ひいっ、怖いですね」
ふ「ふうん、そうなんですね」「不思議なご縁ですね」
へ「へえー、それはいいですね」
ほ「ほう！　すごいですね」

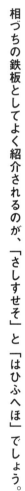

というわけですね。これはあくまでも一例ですので、自分なりに返事のバリエーションを増やしておくといいでしょう。

この他にも、返事をするときの有効な方法としてよく紹介されるのが「オウム返し」です。

たとえば、「皇居でホタルを見たんですよ」と言われれば、同じセリフを繰り返すだけ。

「皇居でホタルですか！」

とやれば、難しい技術は必要ありません。

相手は「自分の話をよく聞いてくれている」「自分の話を肯定してくれている」と感じます。

ただし、あまりやり過ぎると不自然な印象を与える可能性もあるため、適宜ほかの相づちと、うまく組み合わせるとよいでしょう。

4

「人の輪に入れない」への対処法

Check

ひとまず端っこにいて、人の話に共感してみる

高校時代からぼっちメシ

私が「自分は人見知りゆえに孤立しやすいんじゃないか」と自覚し始めたのは高校2年のランチタイムのときです。

1年生のときには幸いにも後ろの席の実松君が声をかけてくれて乗り切れました。でも、2年生に上がった初日。やはりクラスはほとんど知らない人ばかりで、昼食時間になっても誰も声をかけてくれなかったのです。

わずかな友達は別のクラスになったうえに、教室内では1年次からすでに友達同士となっているメンバーが三々五々とグループに分かれていきます。そして私だけポツン……。

まさかぼっちメシ？　これはヤバいかも！

クラスの半数以上は女子なのに、ひとりで弁当なんて姿を見られたら「午堂くんて友だちがいない寂しい人」と思われるんじゃないかという恐怖に襲われました。このとき自分の人見知りを強烈に認識したので、いまでもよく覚えています。

とはいえ、初日で孤立するとやり直せないかもしれない、どこかに所属しなければと焦ったのですが、2~3人の少人数グループは人間関係が固まっているようなので、とても入る勇気が出ない。

そこで最も大きな男子グループの端っこに、目立たないようにそそくさとイスを移動させ、なんとかひとりランチを避けることができました。

その後も修学旅行の班分けなどでも孤立しそうになるなどたびたびピンチに陥りましたが、幸い誰かに声をかけてもらい乗り切れました。

いまはSNSのおかげでフェイスブックやLINEでつなっており、交友関係がゼロというのは避けられていますが、大学、社会人になってからも、人の輪に入るのは苦手です。

独立起業した今もよく懇親会に誘われますが、なぜか私の両隣の人は、私とは反対側の人と談笑を始め、間にいる私がひとりポツンとして話し相手がいなくなるという現象が、ほぼ毎回起こっています。なぜなんだ……。

乗り切り方⑬

ムリして輪に入ろうとしない

過去、たくさんのぼっち体験をしてみての私の結論は、ムリして話の輪に入る必要はないというものです。というのも、**自分が加われない会話は、自分との利害関係や自分への影響はほぼ皆無だからです。**

自分の利害が絡むなら放置できないですが、疎外されているということは自分とは何も関係ないということ。メリットもデメリットもない会話は、単にその場を盛り上げるだけのものですから、加わらなかったとしても何ら問題はないでしょう。だから居心地が悪ければその場から離れればいい。

それじゃ寂しいという場合は、聴いているだけに徹し、前述の高校時代のランチグループのように、とりあえず末席に加わり「フンフン」とうなずいて加わっているフリをすればいい。

会話の間が空いたタイミングで「ねえねえ、盛り上がってるけど、何かあったの？」と強引に加わるという力技もあります。が、人見知りにはなかなかできないでしょうし、みんなの会話をいったん中断させることにもなり、場合によっては冷たい視線を浴びかねないリスクがあります。

そこで、自分の一番近くにいる端っこの人に小声で「ねえねえ、何かニュースでもあったの？」と聞いてみるほうがとっつきやすいと思います。

乗り切り方⑭
話し上手な人を活用する

誰もがつねにワイワイ騒いでいたいわけではありません。全員が盛り上げタイプなら、うるさくて仕方ないでしょう。

そもそも、どんな相手とでも楽しく話せる人のほうが稀です。

たとえば初対面の人とだけ緊張してなかなか話せない人、親しい人とは盛り上がるけれど、それほどではない人との会話が苦手な人、押しが強いとか特定の人との会話が苦手な人、私のように集団の中にいると会話に入れない人など、話しにくい人や状況はそれぞれ異なります。

そこで、**自分の特徴を知り、できる限り自分が話しやすい人や状況を選び、そうした場に身を置くことです。**


たとえば盛り上げる能力がある自分の友人を同席させたり紹介したりして、仲介役のようになってもらうという方法があります。

私もこの方法を使っており、その仲介役は妻です。外向的で社交的な妻は、誰とでも会話を盛り上げられる天才的な才能を持っているので、私の人脈はほぼすべて彼女に紹介し、懇親会やパーティーにも誘って一緒に行くようにしています。私が黙っていても彼女が話題を振ってくれるので、非常に助かっています。

そして、苦手なグループからは抜け出すことです。たとえば役員連中がポンコツのＰＴＡ、ボスママがうるさいママ友グループ、くそじじいが仕切っている自治会がしんどいと思ったら、思い切って離れる（ＰＴＡも自治会も任意団体なので強制力はありません）。

モメるかもしれません。いじわるを言われるかもしれません。しかしそれは一瞬、でも安息の日々は長く続きますから、勇気を出すことです。

乗り切り方⑮
信頼できる人にだけ心を許す

こういう話をすると、「人と人との絆を軽視するのか」などと批判する人がいます。

しかし、そもそも絆とは、誰かに助けてもらうためのものではなく、相手を助けたいと思う自分の心がもたらすものです。

つまり相手に求めるものではありませんから、ことさら「絆を大切に」などと叫ぶような種類の言葉ではないでしょう。仮に叫ぶとしたら、「絆を大切に」ではなく、「相手を大切に」でいいと思うのですが。

本来、「絆を感じる」とは、自分は相手を信頼していて、相手も自分を信頼してくれているという相互信頼の感覚ではないでしょうか。

たとえば遠く離れていても、長いこと疎遠になっていても、ふと思い出して「あいつはいい奴だよなあ」と思うこと、あるいは思ってもらえる、という関係といえます。

こうした間柄であれば、何年ぶりかに会ってもすぐ打ち解けあうし、「困ったことがあったら知らせろよ」となるのです。とはいえ、お互い相手のことを思いやっているからこそ、困っても相手に頼らないわけですが。

つまり、絆を押し付けてくる人からは距離を置き、自分は自分で信頼できる人を大事にすればよいのです。

5

自己主張のコツ

Check

本音を言うメリットを感じて
勇気を出そう

怖れず言うクセをつける

内向的な人は、自己主張できない傾向があります。

これを言ったら相手が気分を害するのではないか、嫌われるのではないか、などと過剰に気を遣うあまり、断ったり要求をしたりするのが苦手なのです。

それに、自分に厳しく相手に甘いところがあります。たとえば他人からの主張は受け入れるにも関わらず、自分が言うと相手に負担をかけてしまう、迷惑をかけてしまうなどという思い込みも強い。だから言いたいことがあっても言えない。

そのため、本意ではないのに断れずに引き受け、ストレスをため込んでしまったり、「そうじゃない」「自分はこう考えている」と主張したい意見も引っ込めて、あとで悶々としてしまったり、ということが起こりがちです。

そういう小さな欲求不満が溜まりに溜まって、ちょっとした出来事で爆発してしまい周囲を

引かせる、あるいは人間関係を壊してしまうということにもつながりかねません。特に男女の関係でよくあることですよね。

こうした事態を避けるためにも、できるだけ自分の意見を口にする習慣を身につける必要があります。そのためのマインドセットや、自己主張するためのコツを紹介します。

乗り切り方⑯
本音を言うメリットを知る

人付き合いするときは、ある程度、本音を言って付き合わなければ望ましい関係にはなりません。

たとえば、あまりにペコペコ平身低頭で接してくる人や、いつもきれいごとばかり言う人がいたらどう思うでしょうか。何を考えているのかわからず、薄気味悪いですよね。

それと同じく、**相手の感情に配慮するあまり反論もせず、始終、自分の気持ちを押し殺していると、相手は「この人、何か隠しているんじゃないか」と警戒し、相手も本音を出せません。**

人間ですから、意見がぶつかったり葛藤が起きたりすることは必ずあります。

そうした場面を全て回避し続けていると、相手もあなたの本音を知らないまま、付き合い続けることになりますから、いずれお互いに行き詰まり、関係は破綻するでしょう。

たとえ気が合わなかったとしても、それは仕方ありません。お互いに違う感じ方や価値観の持ち主だとわかったほうが、無理して付き合わなくてすむというものです。

本音を言えないという人は、無意識のうちに「相手との関係よりも、目先の摩擦を避けるほうを優先したい」という自分本位の発想が根底にあるのです。

こうした考え方を頑なに持ち続けている限り、人付き合いの悩みに苦しむことになります。

なので、勇気を出して、少しだけ腹をくくりましょう。

一生、本音を言わずにやり過ごすことはできません。

それに自分の価値観や感じ方、思いが相手に伝わることで、相手も自分の考えを伝えてくれます。

すると、お互いに同意できること、できないことが明らかになります。

共感と非共感の部分、不満なところや要望が明確になれば、それをどう修正すれば受け入れられるか、スルーできるのかできないのか、お互いに歩み寄ることが可能となります。そしてそれを乗り越えていく過程で関係も深まっていく。これが人間関係構築のプロセスです。

乗り切り方⑰
「自分ならどう感じるか」を考える

自分の意見を引っ込める習慣が長年に渡って身についていると、すぐに改善するのはなかなか難しいでしょう。そこで、ひとつの解決策として、「自分が言われたらどうなのか?」を考えてみる、という方法があります。

たとえば「これは言いにくいな」「断りにくいな」「こう言ったら失礼かな」と感じたとき、自分が相手から同じことを言われたら、どう感じるのかを考えてみるのです。

このとき「たいして気にならないな」「別に怒ったりしないな」と感じるならば、たいていの場合は相手も同様に感じるはずです。怖れず口に出してみる。するとやはり、相手もたいして気にしないことのほうが多いものです。

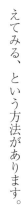

6

交渉のコツ

Check

即答を避け、沈黙するなど
簡単な方法で効果バツグン

交渉が苦手で、不利な条件を飲まされる人はどうする？

内向的な人の悩みのひとつに、「交渉ごとに弱い」という点が挙げられます。

相手にどう思われるのかが気になり、言いたいことがあってもグッと飲み込んでしまう。

反論したくても言葉が出てこず言い返せない。

頭が真っ白になって冷静に考えられない。

こんな経験をしている人は少なくないと思います。

その結果、強引に不本意な約束を取り付けられてしまったり、自分が不利な条件を飲まされたりしがちです。

では、どうすればそのような状況を回避できるか。いくつか実例を挙げながら対策法を紹介していきます。

乗り切り方⑱

即答を避ける

ひとつの方法は、交渉が得意な別の人に任せることですが、いつもそうやって逃げているわけにもいきません。

そこでより現実的な方法は、その場では即答を避け、のちほどメールするなどして持ち帰ることです。仮に決断を迫られても、その場で即決しないことです。

電話や対面など、コミュニケーションの瞬発力が必要な場では、内向的な人は強引な人に勢いで押されてしまいがちです。

なので、「持ち帰って検討させてください」「のちほど確認の意味も含めてメールさせていただきます」などと冷静に考える時間を確保するのです。

内向的な人の多くは文章のほうが得意ですし、メールであれば何度も推敲して納得できる（でもそれなりに相手を気遣う）内容に仕上げてから伝えることができます。

ビジネス書などでは「その場で即決できないと相手から権限がない人だとそっぽを向かれる」などと即決の重要性が謳われていますが、内向的な人にとってはむしろ危険です。

それに、**メールであれば証拠能力がありますから、言った言わないというトラブルを防ぐことにもなるという大義名分を掲げて逃げるようにしましょう。**

プライベートでも、「結婚式の二次会に誘われた」「飲み会に誘われた」というときにも「予定を確認してから返事するね」「ちょっといま調整中の予定があり、それが決まってから返事するね」などと即決を避けておけば、「やっぱりあのとき断っておけばよかった」などと暗い気分になるのを防ぐことができます。

あるいは、自家用車の買取査定や引っ越しの見積もりなどでも、やって来た営業マンから「いまここで決めてくれたら○○円にしておきますよ」などというセールストークで即決を迫ってきます。それで1社目で決めたけど、実は安く叩かれた、実は割高だったということもよくあります。

そこで、「すみません、夫（妻、父、母）でないと決められないんです」「ウチの家訓で即決しない主義なんです」などとかわすことです。

反対に、新車や家電の購入で自分のほうから「もうちょっと勉強してくれないか」などと値切るのが苦手という人は、他店の見積もりを持っていってみましょう。「ほかの店ではこの値段だそうです」と言えば、「安くして」などと交渉しなくても伝わります。

営業マンからは嫌がられるかもしれませんが、メンテナンスだけ他店に持ち込めば、二度と会うことがないので気分もラクになるというものです。

仮に「じゃあ、他店に行ってください」と言われても、どうせ客は自分だけでなくたくさんいるわけなので、気にせず「あっそう、では失礼します」と出て行けばいいだけなのですから。

乗り切り方⑲

沈黙も交渉のテクニック

口数の少ない内向的な人は、交渉で有利になることもあります。というのも、ほとんどの人は相手がジッと押し黙ると、想像以上の不安とプレッシャーを感じるからです。

たとえば、「こちらの条件でいかがでしょうか」と提示したのに相手が「う～ん」と唸っていると、提案した側は「この条件では不満なんじゃないか」「このままでは商談を逃すのではないか」などと焦り、

「では、金額は端数をカットさせていただくのでいかがでしょうか」

「このサービスを無料でつけさせていただくのはいかがでしょうか」

などと自爆する人は少なくありません。

こうしたやりとりは、家電量販店や自動車の販売店、リフォーム等の打ち合わせの場などで

もよく見られます。

つい先日、私も同じような手を使って新車を購入しました。

「こちらがお見積りです」

「はい」

「決算セールということで、ここから40万円値引きいたします」

「……」

「ではこのオプションをサービスさせていただければと思います」

「う〜ん……」

「端数をカットさせていただき、この金額ではいかがでしょうか」

「う〜ん……」

「年内納車を条件に、ここの工賃を無料で、この金額でお願いできないでしょうか」

「わかりました、これでお願いします」

という感じで、私はほとんどしゃべっていませんが、大幅値引きを引き出して購入できました。このように、口数を少なくすればするほど、相手のほうから勝手にこちらに有利な条件を提示してきたり、相手が譲歩してくれたりということが起こりやすいのです。

乗り切り方⑳

相手の交渉戦術を分析する

優秀な交渉人のことを「タフ・ネゴシエーター」と呼ぶことがありますが、ここでいう「タフ」とは、「自分の主張を強引に通す」ということではありません。

頑なに譲歩を拒否し、自分の要求だけを繰り返し主張し続ければ、やがて相手が折れてその場面だけでは勝ったことになるかもしれません。しかしそれでは相手に不満が残り、どこかで仕返しを受けるかもしれないからです。

頑固一徹に自分の主張を曲げないことではなく、いかに双方が納得する落としどころを、あ

きらめることなく粘り強く話し合うのが、「タフ」が示す意味です。

そのためにはまず、平常心を保つ必要があります。交渉は駆け引きともいわれるほど、心理戦の側面があり、相手が挑発などの揺さぶりをかけてくることがあります。それによって「不安」「罪悪感」「恐怖」「怒り」を抱き、取り乱したり狼狽したり動揺してしまうと、相手の思うつぼです。

平常心を保つには、相手の交渉戦術を分析することです。「ああ、こちらのこういう反応を狙っているな」と相手の戦術がわかれば、不要にビビったり申し訳なく思ったりすることなく、冷静に対処できるでしょう。

たとえば家電量販店で「この商品ありますか?」と聞いたとき、

「人気商品なので確か在庫切れで……ちょっと待ってください、倉庫を確認してきます」

「お客さん、ラッキーです! 1つだけ在庫がありますよ!」

こんなふうに答えたら、顧客の狩猟本能を刺激する戦術であるとわかります。

また、交渉には相手からの「脅し」が含まれていることが多分にあります。脅しというと、大声で怒鳴り圧力をかけるイメージがありますが、声の大きさや感情的かどうかに関わらず、小さな脅しもあります。

たとえば、「もっと値引きできるだろう」「もうちょっと勉強できないの?」「ついでにこれもおまけしてよ」「予算はこれで精いっぱい」「受注する気あるの?」などといった明示的な脅しの場合もあれば、「せっかくあなたのために確保したのに……私の誠意を踏みにじるんですか?」と相手の罪悪感を誘う間接的な脅しもあります。

重要なのは、「あ、相手はこちらを脅して譲歩を引き出そうとしているな」とまずは気づけるかどうかです。ここに気がつけないと、パニックになったり委縮したりして、余計な譲歩をしかねないからです。

しかし、「なるほど、脅して譲歩を引き出そうという戦術で来たか」とわかれば、動揺を抑えて極力平常心で次の手を考えられるでしょう。

もうひとつ、こちらが一方的に譲歩しても、一般的には「相手からは感謝されない」という事実を知っておくことです。

というのも、強引に譲歩を迫ってくるような人は、「今後もよい関係を続けたい」ではなく、「最終的に自分がトクすればよい」と、自分の損得だけしか考えていないからです。

なので譲歩としたとしても、「もっと圧力をかければ譲歩を引き出せるかもしれない」と調子に乗るし、妥結したあとも儀礼的に「ありがとうございます！」「感謝です！」などと言ってくるかもしれませんが、「やった！　トクした！」という感想しか持たないのが常です。

「そういうものである」という人間心理を知れば、ただ譲歩するだけがどれだけ無意味なことかわかると思います。

4

ストレスが激減する
人見知りの
「人付き合いのコツ」

「人見知り」として生きていく

1

「常識の枠」を広げていく

Check

他人を解釈するためのパターンを増やそう

「プロファイリング」は役に立つ

人見知りに限らず内向的な人は、人間関係でのストレスを感じやすい傾向があります。

快適な人生を手に入れるには、このストレスをいかに減らしていくかがカギになりますが、それには他人を解釈するためのパターンの数を増やしていくことが効果的です。

私たちは、自分の考えとは異なる人、自分が持つ常識とは違う言動をする人と接していると、不安やイライラを感じます。

そこで多くの人は、他人のことを「この人はこういう人なんだな」と、自分が持っている枠組みに当てはめて理解しようとします。こうして型にはめることで、「あの人のことは理解できない」という状況を減らし、安心感を得ようとします。

あるいは「あの人はこういうことにはうるさいから」と性格を測定し、自分が不利にならないよう、あるいは有利になるように自分の行いを調整するでしょう。

多くの人は無意識に行う行為ですが、犯罪捜査の現場では **「プロファイリング」** という確立された手法があるくらい、広く活用されています。

たとえば「この手の犯罪を犯す人は、こういう人物で、こんな心理状態にある」とか「こういう性格の人は、このような犯罪を犯す傾向がある」などと、膨大に蓄積された人物パターンに当てはめて容疑者の特定や犯罪予防に役立てます。

もしパターンが少なければ、人物像や犯行の動機が解明できず、事件が暗礁に乗り上げてしまうかもしれません。


これは、私たちの他者解釈に当てはめて考えることができます。つまり、他者を解釈する指標や計測基準が少ないと、相手の心理や意図を正確に理解、解釈できません。

その結果、「この人と自分とは、この点は違うけれども、ここは共通している」という多面的な理解ができず、相手を受け入れられず、よりストレスを感じやすくなります。


そこで普段から、相手の言葉や表情、しぐさをよく観察し、自分の言動がどのような伝わり方をしているかを考えるクセをつけることです。その場ではわからなくても、「なぜ、あの人はああ言ったんだろう」「なぜ、あの人はそうしたんだろう」と振り返って想像してみる。自

分に置き換えて、自分ならどうしたのか、それはなぜかを掘り下げてみるのです。

こうした経験が蓄積し、自分の中でデータベース化されることで、少し接触するだけでも「ああ、この人はこういう人かもしれないな」と予測できるようになります。

むろん、そのパターン認識が先入観や固定観念となって、ときには間違った人物理解になることもありますが、それすらあとで省みて軌道修正を加えていけばいいのです。

そうやって人間の感情や行動の理由がわかるようになれば、人との接し方もわかり、人間関係の不安も軽減され、精神は安定します。

なお、人物像に限らず、政治経済など様々な対象でプロファイリングができれば、「それってつまりこういうことよね」と自分の中の膨大なプロファイルの中から当てはめて、より社会を理解することができます。それはつまり、社会で起こる出来事や変化に対する恐怖心や不安感を減らす効果があります。

そのためには、やはりたくさんの本を読んで世の中の仕組みを知ることと、いろいろなことに挑戦して経験値を増やし、未知の世界を既知にしていくことです。

2

〈役割交代〉思考のススメ

Check

相手の立場で考えると
新しい視点を得られる

困った場面で、こんなふうに考えてみる

人間関係において何か起きたとき、「自分が悪かったのではないか」「自分に問題があるのではないか」などと、自分を卑下するクセはないでしょうか。

たとえば挨拶をしたのに無視された、自分は嫌われているんじゃないか。何か気に障ることをしただろうかと悶々とする、というような。

あるいは、年賀状を送ったけど返信が来ないので、自分とはもう縁を切りたいということではないかと落胆する、みたいな。

こんなときは締め付けられそうな心の状態を和らげるために、〈役割交代〉思考を発動させてみることです。

これは自分が相手の立場になり、自分が挨拶をしない場面や年賀状を返さない場面はどうい

う状況が考えられるかを、たくさん考えてみるという方法です。

たとえば、「自分が挨拶を無視するのはどんなときか」を考えてみます。


相手に挨拶されて、無視することはあるか？

いや、自分は無視はしないはず。

ということは、単に気がつかなかったからではないか。

あるいは、自分に対してではなく別の人に挨拶をしたと勘違いしたんじゃないか。

それに自分も以前、急に声をかけられびっくりして言葉が出ないこともあったから、そういう状態だったんじゃないか。

年賀状を返してこないのも、何か緊急のことがあって忘れたんじゃないか。

忙しくて書けずにずるずると日が経過し、送りにくくなったんじゃないか。誰にも送らないと決めたのかもしれない。

こんなふうに考えると、人間関係で起こった相手のネガティブな反応は、理由は自分以外にもあると考えられることがわかります。相手には相手の問題があって、そういう反応をすることもある、と想像力を働かせてみることです。

3

「断ったら嫌われる」の勘違い

Check

自己中心的な人と
付き合っていても
損をするだけ

付き合う価値のある人間かどうかを考える

ノーと言えない人、人からの頼みごとを断れない人は、「断ったら嫌われてしまうのではないか」と無意識のうちに考えているところがあります。

しかし、「断らない人は好きになるけど、断った人は嫌いになる人」とは、どういう人物なのかを考えてみると、どうでしょうか。

それは、自分の都合しか考えておらず、他人の都合はどうでもいいと考える人です。その人にとって、都合よく動いてくれるのがいい人で、そうでない人は悪い人なのです。

こういう自己中心的な人は、仮に頼まれた仕事を手伝ってあげても感謝しないですし、やってあげればあげるほど増長します。それどころか、「ここ間違ってる、ちゃんとやってよ」など逆切れする傾向もあります。

このような他人を振り回す人に好かれる必要があるでしょうか。むしろこちらから距離を取

り、悪影響を受けない関係になるほうが望ましいのではないでしょうか。

なお、日常的に安易に他人に頼ろうとする人は存在します。

こうした相手には、「依頼返し」が効きます。

たとえば、「これ、お願いできる?」と言われたら、「じゃあ、私のこれをお願いできる?」と返す。「そんな時間がないから頼んでいるの」と言われたら、「私もそれを引き受けると時間がないから提案しているの」と返す。すると、「もういい、頼まない!」という反応を受けるかもしれません。

しかし、依頼を断ったからといってすぐにプイっとふくれるのは、信頼できる人間の行為かどうか。そうやって冷静に考えてみると、ひどく幼稚な精神構造の人物であり、近しい関係を築く価値がない人であることがわかります。

自分の周りの人間関係をどう捉えるか、大事な人間関係が何かはその人次第ですが、「その人に嫌われたら、自分にどういう損害が起こるか」「その場合はどう対処するか」を心の中で

準備することができれば、イライラさせられる相手に過剰に配慮する必要はないとわかります。

ほかにも、「友達なんだからやってよ」「後輩なんだから言うこと聞けよ」「同郷のよしみで」などとムリな要求をするような人は、そもそも付き合う価値がない人です。懐柔されないように気をつけることです。

4

角が立たない「ノー」の言い方

Check

自分の能力の無さを言い訳にすればいい

損な役回りを押しつけられないための自衛策

先ほどは「即決は避けよう」という話をしましたが、たとえばPTAの役員決めや、ママ友同士の役割分担のように、その場で決めないと、みんなに迷惑がかかってしまうこともあります。

こうした場面では、適切な自己主張をしなければ損な役回りを押し付けられてしまいかねません。ときにはノーと言う必要がありますが、頭ごなしにノーと言うと角が立ってしまうでしょう。

そこで、こんなふうに言ってみるのはどうでしょうか。

「自分の能力ではいっぱいいっぱいで、これ以上は難しいです」
「私ではあなたを幸せにできない。ふさわしくない。あなたのせいじゃない。ごめんね」

と自分の能力の限界でムリ、という伝え方をすることで、相手も「それじゃしょうがないな」と受け入れてくれやすいし、罪悪感も和らぐというものです。

5

嫌がられない頼み方

Check

相手が断りやすいように
お願いする

場数を踏めば免疫がつき、断られるのが怖くなくなる

人に何か頼んだり頼ったりすることは、私は今でも苦手です。

理由は大きく二つあり、ひとつは「相手の迷惑になるのではないか、相手を不快にさせるのではないか」という恐怖心から。もうひとつは、もし断られたら自分を否定されたように感じて傷つくからです。であれば最初からお願いしないほうがいいと考えるからです。

私は、次の点を意識するようになったおかげで、以前よりはラクになりました。

まず、前者の理由で人に頼れない人は、相手に負担をかけない言い方を工夫することです。

つまり**最初から「断ってもいいんですよ」というニュアンスを匂わせておくのです。**

たとえば、

「○○さんにお願いするのが一番かなと思って相談しているんですけど、お忙しければ遠慮せず断ってくださいね」

と前置きしてからお願いごとに入れば、相手はそう負担に感じないでしょう。

「やってくれて当然でしょ」みたいな言い方だと相手は責められている感じがして不愉快だし、依頼した方も憮然とした態度になりがちです。

もし断られても、「いいのいいの、気にしないで。聞いてくれてありがとう」とお礼を言うことです。これなら相手も、断ったことに対して罪悪感を感じずに済みますから、お互い気まずい思いを残すこともありません。


断られると自分を否定されたように感じる後者のタイプの人は、拒絶されることに慣れる必要があります。

拒絶されてもがっかりしすぎないメンタルを鍛える、というわけです。

それには、「明らかに拒絶されるであろう内容」を人に持ち掛けて拒絶される、という地道な経験を積むという方法があります。

たとえば、「ねえねえ、合コンに来てって言われたらどう思う?」「ねえねえ、この机を持ち上げてって言われたら、できる？」みたいな、軽いところから始めてみてはいかがでしょうか。

これは予防接種のように、微量な細菌を取り込んで抗体を作るようなもので、徐々に拒絶される痛みに慣れていく方法です。

もうひとつは、頼み事への拒絶と、自分という人間への拒絶を区分できる冷静さを持つことです。

たとえば相手に仕事や作業をお願いして断られたときは、たまたま相手に時間がない、精神的な余裕がない、気分が乗らない、不得意、といった様々な理由があって断ることがほとんどです。

そもそもあなたを嫌っている人に頼み事はしないでしょう。「断り＝自分への拒絶」という短絡的な発想ではなく、相手の事情を想像するクセをつけていきましょう。

6

多重人格で生きる

Check

自分の中にある「多面的な人格」を活かす場を持つ

秘められた能力を活かすと人生が充実する

人見知りや口べタ、内気な人など内向的な傾向がある人は総じて、感受性が鋭く豊かな能力を備えています。一見すると控え目でクールに見えても、これぞと思ったときには、一心不乱に打ち込んで成果を上げるのも、こうしたタイプの人たちです。

対人関係の場では表れにくい、秘められた能力を生かすためにも、自分の中の「多重人格性」を把握し、それぞれの人格を発揮できる場を作るとよいでしょう。

そもそも、人には複数の人格が内在し、それを使い分けながら生きています。たとえば会社では怖い上司なのに、家に帰れば恐妻家で子煩悩だったり。学校ではおとなしいのに、クラブスポーツでは情熱的なプレーをしているとか。対面では腰が低く人当りがいいのに、文章はやたら攻撃的といったように……。

このように多くの人には裏表があるわけです。これは見方を変えれば、自分を抑圧することで抱えるストレスを、自分らしさを発揮できる別の場で解消しているともいえます。

私自身も自分の多重人格を認識しており、時と場面によってキャラを分けています。

たとえば講演など人前に出るときは、基本的に腰を低くして丁寧な対応を心掛けています。本を書く仕事では、書籍の場合は分析的なスタンスで書き、コラムは攻撃的なスタンスで書いています。書籍は訂正がききませんから、事実確認やロジックの精緻さを重要視し、ネットのコラムはページビューありきという側面がありますから、炎上覚悟で強い言葉を使うというわけです。

交友関係にある人の前では礼儀正しくする一方、ひとりでいるときは不愛想で不機嫌そうに振る舞い、態度も自己中心的です。**こうすることで、どこかで溜まったストレスを別のところで発散し、かつ自分を抑えている部分をどこかで発揮するなど、自分なりにバランスが取れているように思います。**

ただ、多くの人はそれを意識していない、あるいは、本人が持つ多重人格性に気がついていないだけです。事件のニュースなどでも「あの人が？　信じられない」「そんなことをするような人には見えない」などという周辺住民のインタビューがありますよね。

だから、もし「会社で自分の本当の人格を発揮できない」と感じるなら、自分はどういう側面を持っていて、それは別のどのような場であれば発揮できそうかを考える。そして、お稽古や社外の勉強会、スポーツチームなど、その人格に合わせたコミュニティを持ってみてはいかがでしょうか。

7

ペルソナをつけて役割演技する

Check

役割だと割り切ることでヘンなストレスから解放される

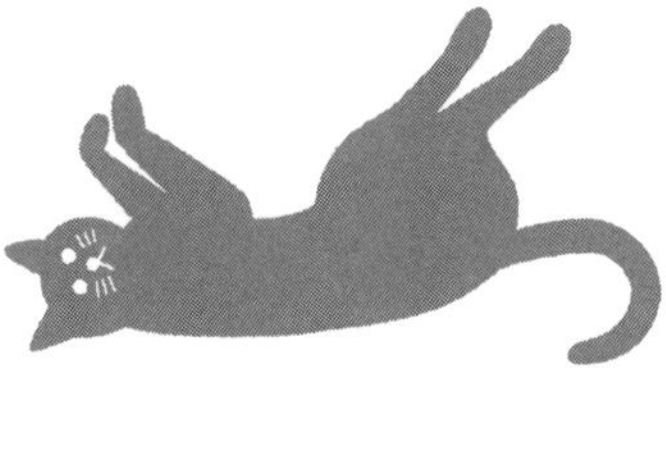

仮面効果はテキメンで、新しい自分を演じられる

快適に生きる上で大切なのは、**「どうすれば自分がトクするか」にフォーカスし、「状況に適したペルソナを身に着ければいい」と割り切ることです。**

ペルソナとは、周囲に適応するための仮面のこと。この仮面をつけて、「状況に適した役割演技力」を発揮する——すなわち俳優・女優として演じるのです。

たとえば、お見合いや就職面接の場面では、みな自分の利益のためにペルソナをつけ、演技し合っていますよね。

そうやって「この場は演じておいたほうがメリットがある」と割り切れば、「外向的にならなくては」とプレッシャーを感じることも、「自分はネクラだからダメだ」と悲観することもなくなりますから、演じる疲労度も多少なりとも軽減するでしょう。

また、たとえばサプリメーカーで電話対応する職員に白衣を着させたところ、医者のように

堂々と論理的な説明ができるようになったという例がある通り、自我拡張を促してくれる道具を使うという方法もあります。

「勝負服」「勝負下着」という言葉がありますし、高級な腕時計を身に着けたり、高級外車に乗ると振る舞いもそれらしくなります。そうやって高級・高品質なものを身に着けることで、自分も高級・高品質な人間になったと錯覚させる効果です。

そういえば仮装パーティーが盛り上がるのも、こうした刺激があるからかもしれません。

5

みんなといても、ひとりでいても楽しい「孤独力」のすごいメリット

1

孤独がもたらすメリットは大きい

Check

孤独は人生のエネルギー源になる

「孤独力」を高めよう

内向的な人にとって、避けて通れないのが「孤独」との付き合い方です。

「孤独死」という言葉がメディアを賑わすように、日本では孤独は寂しいもの、悲惨なもの、いけないもののように扱われています。

しかし孤独はむしろ、自分らしく生きる原動力になると私は考えています。「孤独力」を高めることこそ、最強の生き方のひとつではないかと感じているくらいです。

孤独力とは、他人との接触を避け、物理的な孤独の状態そのものを愛するような、自閉的な意味ではありません。

孤独力とは、社会の中で人と関わりあいながらも、常に自分の意思を主軸に置いて、自己責任で生きる姿勢のことです。

なぜそのような精神状態を獲得できるかというと、孤独の中で自分と向き合うことで、自分の感情を意のままに操れるようになるからです。

そうなれば、不安や悩みも自己消化できるし、出来事への捉え方を変え、幸せを感じることができます。そうした心の強さを高めるには、必ず孤独の時間が必要なのです。

また、**クリエイティブな人は、孤独を創造の源にしていますし、ハイパフォーマーな人たちもやはり孤独を自分のエネルギー源にしています。**

たとえば作家や漫画家、画家や書道家は一人で描きます。コピーライターも一人で考える、というのはわかりやすいと思います。

彼らは、外部世界と切り離された独自の世界を脳内で展開し、自分の中で想像を膨らませ、組み合わせ、加工に加工を加えていきます。いちいち他人に問い合わせることなく、ネットなどで検索することなく、自分の中で次々に行われるため高速な作業であり、より高いレベルに短期間に到達します。だからクリエイターは、実は孤独の時間が長いほうが、優れたアウトプットができるのです。

ほかにスポーツ選手や音楽家なども、ひとりで練習する時間が長い人のほうが、優れた才能を発揮するといわれています。

成功者と呼ばれている人も、人生の転換点で孤独を経験しています。

私の知人の会社経営者は、起業して間もない20代の頃、ワンマン経営がたたり、ある朝出社したら社員が誰も来なかったそうです。駐車場にある20台の営業車がズラリと残され、事務所には彼がひとりポツンと佇むだけという絶望感。

彼はその孤独に打ちひしがれ、いままでの自分、そしてこれからの自分のあり方を考えたといいます。そして自らの振る舞いを正し、現在は5社を経営する企業グループのオーナーとして成功しています。

2

「同調圧力」から解放される

Check

本音を言い合える人間関係が残り、スッキリする

他人の意見を受け止めるゆとりができる

自分らしく生きるということは、本音で生きるということ。すなわち自分の個性を隠さずに出すということです。

人にむやみに合わせず、自分を偽らずに生きていくと、周囲の評価も好き嫌いがはっきりわかれるでしょう。これは見方を変えれば、自分の元を去る人がいる一方で、親密になれる人もいるということです。

それに孤独を楽しめるようになると、同調圧力から解放されて、心穏やかに過ごせるようになるのです。

孤独でないことを人に示す必要はありませんから、好かれよう、嫌われないようにしようという意識が消え、穏やかな気持ちで会話を楽しめます。スッと本音を言えますし、相手の本音も受け止められる。それが自分の考えと違っていても、「うんうん、そういう発想もいいね、そういう考え方もあるよね」と認め合うことができます。

こういうポジティブな受容性を獲得すると、寂しい感情にむやみに振り回されない、より充足した時間を持つことができるようになります。

みんなといても楽しいけれど、ひとりでいても楽しい――。

どちらの状態でも楽しむことができる。ひとりになることが怖くないから、ムリして周囲に合わせて人間関係を維持しようと苦しむ必要もなく、自分らしく生きられる。

もちろん、それで離れる人もいるかもしれませんが、その結果、自分を飾らず偽らずに付き合える人間関係のみが残るから、いつも楽しいというわけです。

お互いの意見や考えを認め合えるようになると、他人からの心無い批判もスルーできるようになります。

「まあ、いろんなことを言う人はいるよね」「そんなことでいちいち目くじら立てて、ほんとにバカだなあ」「そのエネルギーを、もっと有益なことに使えないものかね、残念な人もいるもんだ」と受け流すことができます。

そうやって他人に対する健全な無関心さを身につけることで、人の目が過剰に気にならず、イライラする頻度を減らすことができます。そんな精神的な余裕があれば、いざというときには他人に優しく接することができるものです。

つまり、精神が成熟した人ほど孤独を好み、未熟な人ほど他人とつるみたがるのです。

3

成長する時間が増える

Check

内省・内観することで、新しい視点を得られる

「内省」「内観」について知っておこう

孤独の価値は、自分との対話である「内省」「内観」の時間を確保できる点にあります。

内省とは、自分の考え・経験を振り返り、意味づけ、次の行動につなげること。

内観とは、自分の内なる声に耳を傾け、それをそのまま受け入れることです。

内省は反省などという単純なものではなく、自分の経験や事象を、自分が幸福になるように、その意味付けを修正して、行動につなげることです。

仮に会社をクビになっても、「自分はこの会社（仕事）と合わなかっただけだ。自分の価値は別のところで発揮せよということだ」というふうに、これまでの受け止め方や解釈の仕方を抜本的に変えるようなイメージです。

これは孤独という時間の中でしかできない高度に知的な作業であり、人間だけが持っている特権です。

一方、内観はちょっとわかりにくいかもしれませんが、自分の感情を否定もせず肯定もせず、ただ「自分はこう感じているんだ」と眺めることです。


たとえば「あの人、ムカつく！」と怒りを覚えたときの内観を挙げてみます。

多くの人は「憎んだりしてはいけない」などと自分の感情を否定しようとします。

しかし内観とは、そういうものも含めてありのままの感情を受け入れます。

「自分はあの人にムカついているんだなあ」とまずはその感情を肯定する。

そして、

「何にムカついたんだろうか」

「あの人はなぜそういうことをしたんだろうか」

「あの人はこういう人なんだな」

「自分は次からどう対処すればムカつかないで済むだろうか」

と感じるままに身を任せます。

実はこのように、**自分の感情を否定せず感じることで、ネガティブな感情を引きずらずにす**

むようになるのです。

内省によって、自分の考えや経験を振り返り、未熟なところに気づきを得て、内観によってどのような感情も受け止め引きずらない強さを得る。

私たち人間の心の成長には、この内省と内観、この二つの作業が欠かせません。

人は誰でも、自分の価値観という眼鏡を通じて他人や社会を理解していきます。それらに対する理解が深まれば、不安や怖さも軽減されます。

さらに、日々の生活の中で抱く、さまざまな思いを受け止めつつ自分を肯定していくには、自分に起こった出来事や事象にポジティブな意味を与える必要もあります。

内省と内観によって、自分の価値観、他人と社会との関わりを理解しつつ、自分の状況を好意的に受け止める、幸せな人生が手に入るのです。

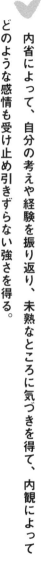

4

他人と比べず、伸び伸びと生きられる

Check

許容力が上がり、人の目が気にならなくなる

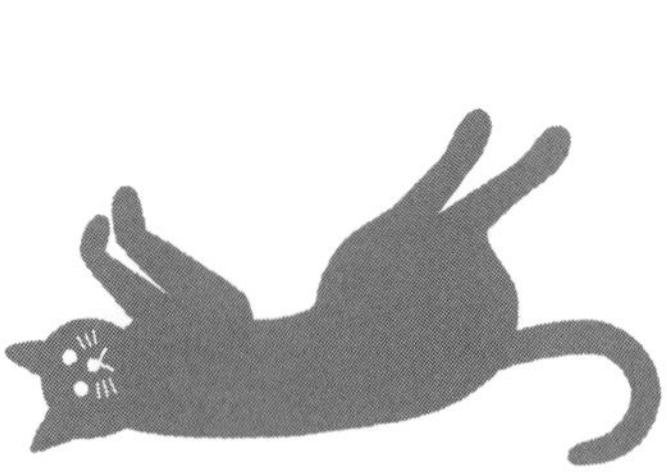

自由とは孤独を受け入れること

多くの人は、自由を求めていると思います。では自由とは何か。それは、何からも誰からも制約を受けず、意のままに生きることといえるでしょう。

他人を気にして本音を出せない状態、何かに縛られてがんじがらめになっている状態より、自分の好きなように生きられるほうが良いはずです。

そんな自由を得たいならば、そこには必ず孤独がつきまといます。

たとえば田舎の集落で暮らせば、農作物を融通しあったり、互助的な生活が送れます。その代わり、地元の人間関係や風習にある程度、従わなければなりません。

一方、都会にはそのようなしがらみはほとんどありません。賃貸マンションや賃貸アパートに住んでいれば、隣の人を知らないし知る機会すらないと感じる人も少なくないと思います。

風習や習慣もない。だから誰にも縛られない。これは自由です。

しかしその裏返しに、アパートの一室でひとりぼっち、などと孤独を感じることもあるでしょう。

また、ひとりでは寂しいからと、誰かとつるもうとすれば、自分の意に沿わないことも、周囲の目や評価を気にし、気配りしなければなりません。寂しくない代わりに、不自由さが伴います。

孤独を受け入れずして自由を得ることはできません。逆に孤独を避けようとすればするほど、他人に合わせなければならず、つまり自由もあきらめることになります。

逆にいうと、孤独を受け入れて初めて自由を獲得できるということです。

それに、**ひとりの時間を楽しめるということは、自分の領域を尊重しているということでもあります。それはつまり、他人の領域を理解し尊重することにつながり、ずけずけと相手の領域に踏み込んだり自分の考えを押し付けたりしない寛容さにつながります。**

「自分は自分、他人は他人」というほどよい距離感を守ろうとしますから、他人に対する許容力が上がり、他者へのイライラを減らし、他人と比較しないで生きられるのです。

6

仕事の「選び方・やり方」にはコツがある

才能を発揮して活躍できる

1

「天才性」の見つけ方

Check

**早いタイミングで
見つけるコツがある！**

やっていて楽しいことを〝微細に〟分析する

内向的な人が幸福に生きる方法のひとつは、自分の天才性――すなわち「秘められた才能」を知り、その能力を発揮しながら生きることです。

自分が熱心に打ち込める仕事、毎日やっても何年やっても苦にならず没頭できる仕事をしているとき、人は大いなる幸福を感じます。いわゆる天職ですね。

その分野や領域は人によって異なるのですが、**天才性を見つけるには、「やっていて楽しい」と思える作業や仕事が、どういう要素を内包しているのかを微細に分析していくことです。この「微細に」というのがポイントで、多くの人は自分の向き不向きについて、ざっくりとしか把握していません。**

もちろん、たった一度の就職や転職で天職が見つかり、成功できるのはまれでしょう。でも、できるだけ早いタイミングで天職を見つけられればそれだけ長い時間、人生を楽しめます。

まずは「やっていて楽しい」と思うことがあったら、「それはなぜなのか？」を徹底的に分析するとともに、自分にどのような傾向があり、どのような仕事に向くのかを深く考えることです。

たとえば「自分は人が好きだから、営業や接客の仕事がしたい」という分析は浅すぎるパターンのひとつです。

「人が好き」というのが、具体的に人間の何を指して興味があるのか、他人とのどういう関係構築が心地いいと感じるのか、もっとメッシュを細かくして掘り下げる必要があります。

「人の感情の動きに興味がある」ということなら、営業や接客だけでなく、ＦＢＩの心理分析官や精神科医、カウンセラーという仕事も選択肢に入るでしょう。

このように、自分の強みを微細な切り口で数多く抽出して特定することができれば、仕事も生き方も選択肢は広がります。

私自身でいえば、考えを表現することが才能を発揮できる領域であり、そうした活動をしているときに充足感を覚えます。

実際、このように文章を書いているときは至福の時間のひとつなのですが、それは単に文章を書くことが好きだからというわけではありません。

事象や人間が持つ問題に対して自分なりの感性で解きほぐし、読者からの反論を予測してそれを抑え込みつつ、きれいごとではない具体的な解決方法を、新しい表現方法を考えながら書いて発表するという行為が楽しいのです。

私は特段「人が好き」というわけではなく、むしろ他人にはまったく興味はないのですが、「人はなぜそういう問題を抱えるのか」「それはどうすれば解決できるのか」には興味があります。

このように、自分がやっていて楽しいと思うことがあれば、その作業なり仕事なりにどのような要素が含まれ、その何にやりがいや生きがいを感じるのかを微細に分析し続ける作業をすることが、自分の天才性を発見する近道です。

2

才能を発揮しやすい分野とは？

Check

自分と向き合い、ひとりでできる仕事が向いている

まずは、興味のある分野に目を向けよう

快適な人生を送るには、自分の気質に合った職業選択がカギになります。ムリせず努力できるので、能力は開花し、才能が発揮され、お金を稼ぐこともできるでしょう。

たとえば経理や給与計算といった仕事は、黙々とやることが多いですし、ほかにも、システム開発といったＩＴ関連や、研究開発、工場や倉庫内での作業、ルートセールスといった仕事も向いています。

また内向的な人はやはり自分と向き合う仕事、ひとりで淡々と作業する仕事が向いています。

特に創作の世界では才能を発揮しやすいといえます。イラストやデザイン、文章、写真、プログラミング、作詞作曲、芸術・工芸などは典型的です。

「データで納品できる」仕事であれば、組織に属さなくてもいいですから、働き方は非常にフレキシブルになるし、人と接する頻度も劇的に減らすことができます。

創造力の高さを示す典型例がマンガ家や作家で、接する人は基本的には編集者だけで気楽ですし、先生扱いですから人間関係の苦労も少ないといえるでしょう。

ほかにも、投資家という道もあります。不動産投資は物件を取得するまでが大変ですが（不動産業者や金融機関とのやりとりがある）、そこをクリアすればやることはあまりなく、賃貸管理業者との連絡もメールで済ませられます。

それこそネットトレーダーはパソコン1台あれば十分で、家から一歩も出なくても、誰とも会わなくても完結します。

また、**外向的な人が向いていると思える仕事でも、内向型に寄せた働き方に変える工夫をすることで活躍できることがあります。**

たとえばシェフなど料理人の中には、無口で不愛想なのに店は流行っているというケースがあるでしょう。自分は料理に専念し、接客はフロア担当に任せれば、あとは仕事の指示だけ。家族経営の街の定食屋にも見られます。

特に和食の料理人にこの傾向が強いですし、ラーメン店の店主が頑固で変わり者でも、ラーメンが美味しければ客は来ます。客は客で、店主が不愛想かどうかはどうでもいいことでしょうからね。

3

実は向いている営業の仕事

Check

成績がいいのは
しゃべる営業より、
じっくり聴く営業

事前準備でフォローできることはたくさんある

意外に感じるかもしれませんが、営業（特に提案営業や反響営業）で好成績を収めている人の中には、内向タイプも少なくありません。というのは、クライアントの話をよく聴けるからです。

そもそも営業の仕事は、顧客の課題を聞き出し、その解決策を自社商品を通じて提案することです。ということは、顧客が困っていることを引き出したり、会話の中から本質的な課題を抽出する必要があり、それには顧客の話をじっくり聴かなければならないわけで、それは内向タイプの得意とするところでしょう。自分がしゃべるよりも顧客の課題解決につながる打ち手を考えることに集中する。うまく提案できなければ、資料を十分に作り込んでおきフォローする。顧客の質問に答えられないのであれば、事前によくある質問を集め、回答を用意しておく。

このように、**苦手な部分をうまくフォローすれば、十分に顧客の信頼を得て、契約を取ることはできるのです。**

4

職場で「居場所」をつくるコツ

Check

仕事に集中して
成果を出そう

分野を絞り込んで「専門性」を打ち出す

仕事でもプライベートでも、内向型は単独作業など孤独を好む傾向があるのですが、孤独は革新の触媒となることが多く、これは大きな長所といえます。

たとえばブレインストーミングは何人かでアイデア出しをするときに行われますが、実はあまり効果がなく、個人でアイデアを出したほうが集団よりも数・質ともに圧倒することが、各種調査で明らかになっています。

集団であることは、自分の意見がどう評価されるかというある種のプレッシャーとなるうえ、人によっては誰かに任せようという放棄姿勢や流されるという側面があるなど、良いアイデアにはつながらないことがあるからです。もちろん人数が増えればさらに効果は落ちていきます。かように単独作業のほうが創造性や独創性と結びつきが強いのです。

つまり、内向的な人の特徴を踏まえると、自分から積極的に売り込まなくても自己アピール

できるよう、存在感を示せるよう、専門性を追求する生き方が合っています。

研究開発にしろマーケティングにしろ、専門分野で社内ナンバーワン、業界ナンバーワンであれば、相手方から問い合わせが来るからです。

もっと卑近な例でいうと、たとえばパワーポイントの使い方は誰よりも詳しいとか、労働法の知識は誰よりも豊富で、周囲があなたに聞きに来る、といった状態をつくることです。

付き合いが悪くても、ランチはひとりぼっちでも、話の輪に入れなくても、相手に対し「にこやかに対応する」といった点だけ意識すれば、社内で孤立するようなことはありません。

人間関係ではなく「仕事の成果」にフォーカスする

私は割と職場で孤立しやすい傾向がありました。なぜかというと、同僚とのランチや残業時の夕食が苦手で、誘われてもよく断っていたからです。食事のときに話すことが見当たらず、会話にも興味が持てず、ただ食事するだけなら一人のほうが気楽でした。

反省すべき点はあるにせよ、私はあえて人付き合いはしないと決めていました。

なぜなら、会社は仕事をする場であり、仕事で成果を出すことが求められているわけで、自ら進んで険悪な関係にさえしなければ、咎められることはないからです。

会社では業務に必要な会話だけにとどめ、仕事に全力を注ぎました。

成果を出せば、周囲から一定の評価を受けるため、自分の居場所を得ることができ、孤立感は薄らぎます。

そのうち「あいつは、ああいうタイプだから」という社内ブランドが出来上がり、人付き合いが悪いとか、ノリが悪いとか、ネクラで無口だという性格も個性として認めてもらえるようになります。

だから内向的な人ほど人間関係にフォーカスせず、仕事の成果だけにフォーカスすることです。

むろん、だからといって不愛想でよいということではありません。近づくなオーラを出していると、とっつきにくい印象を与え、それでは仕事がやりにくくなるでしょう。

「アイツは他人を排除しようとしている」「なんかいつも警戒している」と思われるのは損ですから、**ただ内気でおとなしいだけなんだ、と思われるように振る舞うことです。**


特に私は、昔から黙っていると怖そうと思われることがよくあり、眉間にしわが寄っていてよけい不機嫌な感じなので、人前ではできる限り笑顔を心掛けています。

なので、とにかく挨拶は笑顔で返事も元気よくを意識することです。話しかけられたらいったん仕事の手を止め、口角を上げてにこやかに対応するようにしましょう。

感謝を言葉にする

もうひとつは、おなじみではありますが「周囲に感謝すること」。もっと具体的にいうと、「ありがとう」を口グセにすることです。

イヤミで言う場合は別として、相手から「ありがとう」と言われてうれしくない人はいません。その人に対する好意まではいかなくても、少なくとも「気配りができる人」という印象は与えることができます。

すると、自分がひとりでいたり、グループの中でポツンとしていたりするときなどに、周りが気遣って声をかけてくれる可能性が高まります。

あなたも思い当たるフシはありませんか。気配り上手な人が寂しそうにしているとき、どうしたのかなと気になったり、声をかけたくなったことが。**人間には、周囲にいつも感謝しているような人を放っておけない性質があるのです。**

だから内向的な人ほど、意識して周囲に感謝することです。

7

告白せずに付き合える恋愛・結婚戦略

「人見知り」として生きていく

1 結婚は孤独と寂しさへの防波堤となる

私の顔は爆笑問題の太田光さんに似ているといわれていますし、頬骨が張り出し出っ歯なので見た目が特に優れているわけではありません。

それどころか息子の塾の先生から、息子を見て一言、

「お父さん似なのね。お母さん似だったらよかったのにねえ〜」

と冗談交じりに言われたことがあるほどです。

そんな私ですが、学生時代から数えて8人ほどの異性と付き合ってきて、2回の結婚をしています。私のように容姿が不利なうえにネクラで引っ込み思案であっても、恋愛・結婚は可能です。そして、**大きなお世話だとわかっているのですが、人見知りで内向的な人こそ、結婚して家庭をもったほうが安心だというのが私個人の考えです。**

私自身、もし結婚していなかったら、一人暮らしシングルとして完全に引きこもり、社会から隔絶された生活をしていたかもしれません。そして誰とも交流せず数十年、そして最後を迎えるまで一人のままという状態を想像すると、恐ろしくなります。

なかには「合わない相手とムリに結婚してストレスを抱え、不幸になる人も多いのだから、それならいっそシングルでいいんじゃないか」という意見もあるでしょう。

そういう人は、相手に期待・依存し過ぎている可能性があります。「結婚とはこういうものだ」「妻はこうあるべきだ」「夫はこうあるべきだ」とか、「相手がこうすべきだ」「それは相手がおかしい」などと**自分との違いを認めず相手が変わるべきだという思い込みがあると、苦痛の多い結婚生活になりやすい**。

つまり、みな自分の価値観を優先して自分を曲げられず、高いプライドを下げられないから相手と衝突し、ストレスを抱え込んでしまうのです。

結婚は恋愛とは違い、ドキドキよりも安定のためです。なので、よほどのワガママ・偏屈・ネガティブといった破滅的性格の相手でなければ、**多少の違いを受け入れ相手に合わせる必要があります**。

当然ながら、自分が譲れない価値観もあるでしょう。ならば、すり合わせできる価値観とできない価値観を明確にし、結婚前に確認しておけばいい。

「この人、アリかな」と思ったら、子づくりや子供の教育はどうするか、家事と育児の分担はどうするか、家は持ち家か賃貸か、家族旅行などの娯楽はどのくらいの頻度が理想か、貯金はどのくらいを目標とするか、将来は転職もありか、親との同居はあるか、といった自分が重要だと思う価値観に基づく話題を持ち出し、少しずつ聞き出すのです。

結婚は協力し合って家庭を築く、ある種の契約というか提携のようなものですから、「好きになれる人かどうか」とか「自分の思い通りにさせてくれる人かどうか」よりも「相手を尊重して協力し合えるかどうか」が大切です。

こんなふうに、腹をくくれるならば、結婚を前提にしたお付き合いをするための一歩を踏み出しましょう。そもそも私のようにネクラで人見知りだと、当面は結婚を目的に〝戦略的に〟行動しないと、成婚に至る可能性はかなり低い傾向があります。本章では、私の経験を踏まえたやり方を紹介していきます。

2 まずはマニュアルから学ぶ

私の場合、大学時代に大量の恋愛小説を読み、恋愛映画をたくさん観るなどして、女性の心理や女性への接し方を学んだことが大きいと思っています。

これは内向的な人にお勧めの方法で、引っ込み思案な人ほど、こういう事例やマニュアルから学ぶのが得意だからです。そこで、ナンパ手法を書いた本や恋愛小説、恋愛映画を見て、女性心理を知り、テクニックを覚えることです。

私がマニュアルから学ぼうと思ったのは、大学生のときの失恋がきっかけです。アルバイト先で一緒だった女性と付き合ったのですが、別れの原因は私が彼女が何をしているかがいつも気になり、束縛するようになったからです。

たとえば頻繁に電話をかけて確認する。ほかの男性スタッフと仲良さそうに話していると、自分にかまってほしくてスネるという幼稚な行動をとる。

夜は夜でほかの男と会っているんじゃないかと根拠のない妄想にかられ、彼女が住んでいるアパートに自転車を走らせ、電気がついているのを見ては安心する。電気が消えていれば不安で居ても立っても居られず、あとでどこに行っていたのかを追及する……。

いま思えば完全なストーカーですが、やはりそんな私が重かったのでしょう。結局はフられてしまいました。

それで**「束縛は相手に重圧感を与え、むしろ別れにつながる」**と学び、次はもっといい恋愛をしたい、そのためにもっと女性の心を知りたいと考え、たくさんの恋愛事例に触れたというわけです。

3 婚活サービス利用のススメ

引っ込み思案な私は、その性格ゆえに出会いそのものを避ける傾向がありました。

でも、恋愛や婚活するときは、そんなことをいっていられません。手近な方法を試しながら、がんばって外に出ていくようにしたのです。

その経験上、**出会いがない人にお勧めなのは、友人の紹介、婚活アプリ、結婚相談所の順です。**

まず**「友人の紹介」**であれば、経歴がいかがわしいとか、実は既婚者とか、性格に問題があるような人に当たる確率は非常に低いうえ、ある程度あなたの性格や好みを知った上で紹介してくれますから、もっとも確度の高い方法です。

しかし自分の友人も同じく内向的で、異性の知り合いがいないとか、そもそも友だちすらいないという人も多いかもしれません。

そこで活用したいのが**「婚活アプリ」**です。大手企業のサービスなら最近は本人確認が厳しくなっており、既婚者が紛れ込まないようチェック体制も強化されています。ヘタな合コンより身元が確かな場合が多いですし、料金も手ごろなので気軽に婚活ができます。

ただしアプリでの婚活は、気合いを入れすぎずにゲームのように気軽に誘うことです。そういう姿勢であれば、たとえスルーされても断られても、1回会っただけで終わっても、それほど傷つかずに済むからです。

ただ問題は、仮にお互いに好意を持ち本格的に付き合えそうになったとしても、ハイスペック異性に限ってなかなか退会してくれないことです。他からも誘いが多いゆえに、もっといい人がいるのではないかと退会に踏み切れない人が少なくないからです。

なのでお互い様と割り切って、早々に一人に決めてしまうよりも、同時並行で異性を探し、ストックを増やしておいたほうが無難です。

特に自己肯定感が低い人ほどすぐに絞り込んで「この人しかいない」状態をつくりたがりますが、遊ばれて終わりか、キープ君のまま相手から返信が来なくなって終わり、になりがちなので要注意です。

一方、年齢的にそんなにモタモタしている余裕はない、仕事が忙しくてやりとりが面倒など、労力をかけずに短期間で結婚したいという人は**「結婚相談所」**です。

自分に合いそうな人を選んでくれるし、最初のお見合いをセッティングしてくれるし、相談に乗ってくれるし、断るときも直接ではなく相談員経由で伝えてもらえるので、料金はそれなりにしますが非常に合理的なサービスです。

4 「ここはイイかも」という足し算で見る

婚活をしてもなかなか成婚につながらない理由として、「無意識のうちにいろいろ条件をつけている」「自分が考えている『普通』がかなり高望みなのに気が付いていない」という点が挙げられます。

そこでひとつの提案は、「自分は会話の中から相手の魅力を引き出すプロデューサーである」ことを意識することです。

私自身がやって効果があるからご紹介しているのですが、たとえば相手の優れたところ、得意なことなどを聞き出し、「へえ～、君って、その才能があるのかもね」「将来はこういう方向も向いているかもね」などと可能性や潜在能力を褒めたり。

あるいは、「え、それって、すごいことじゃん！　もっとやったらいいと思うよ」「それ、君だからできたんだよ、すごい特技だよ！」などと相手が気づいていない魅力を見つけるようにしたり。

こうした会話を繰り返していると、相手の欠点ではなく、魅力のほうが勝ってくるので、好意を持てるようになります。相手も、「自分を認めてくれる」と感じてくれるようで、こちらになびいてきます。

そのうちなんとなくいい雰囲気になるので、「付き合おう」とか「好きだ」などと告白しなくても、デートの約束を取り付けることができます。

ただし、私が避けるタイプというのもやはり存在し、それは人としての品性に関するところです。 たとえば、

・愚痴や不平不満が多い
・「ムリ」「でも」「だって」「どうせ」「自分なんて」などと自己肯定感が低い発言が多い
・思い込みや自己主張が強すぎ、自分の意見を曲げない
・相手の発言や行動を否定・批判・禁止することが多い

・ウソをつく・誤ちを認めない・言い訳が多い
・金銭感覚がずれていて共感できない
・精神的に自立していなさそう
・相手を試す・振り回すなど情緒不安定
・過去の男となかなか切れない
・異性に対する警戒心がユルすぎる

実際、こういう女性と付き合ったことがありますが、すぐに違和感が出て別れに至りました。

もちろん、私も人についてとやかく言えるほど品性が優れているというわけではありません が、自己肯定感が低くネガティブで自己中な人は、スペック以前に「人間としての性能が高く ない」わけで、安心できる家庭づくりは難しいと考えています。

5 出会いの場は一対一で

私自身、超がつくほど引っ込み思案なので婚活パーティーや合コンなどは不向きです。集団で比較され品定めされる場であり、第一印象でほぼ勝敗が決まります。大人数が横一列で相対的に比べられてしまうので、結局容姿の優れた人やコミュ力が高い人しか選ばれることはありません。

私も独身時代、友人に誘われて合コンに参加したことがあります。会費は男性が有料、女性が無料で、自由に歓談していいが数分ごとに合図があり、相手をチェンジするという方式でした。会の終わりになると、好みの相手の番号を紙に書き、それを司会が読み上げ両想いならカップル成立、というもの。

当然のように私を指名してくれた人はゼロ、最も票を集めたのはイケメン公務員でした。
それ以来、二度とそういう場には行っていません。

こうした集団イベントは私のようなタイプの人間にとっては非常に不利であり、負けるとわかっている勝負に打って出るのは無意味。なのでとにかく一対一で会うことです。その観点からも、婚活サービスの利用価値は高いといえるでしょう。

6 うまくいくデートコースの選び方

異性と会話するのに慣れていない人がデートするときは、会話がなくても成り立つデートコースを選びましょう。

初デートで東京ディズニーランドや井の頭公園の池でボートに乗ると別れるというジンクスがあるのも、間が持たなくて気まずくなるからです。

沈黙ができやすい場所や待ち時間が長い場所は難易度が高いですから、まずは映画や音楽フェス、美術館といった「鑑賞」「体験」中心のデートがよいでしょう。

相手が音楽好きならライブやコンサート、芸術好きなら美術展など、好みを聞いて（特に好みがなければ映画がベター）デートコースに組み込むのです。こうした場所では会話はほとんど必要ないですから、初期のデートとしてはお勧めです。

ただし、**このようなデートコースはただ隣にいるだけで心の交流をしているわけではないので、その後のカフェやレストランでの会話が重要です。**

一緒に体験していれば「共通の話題」には事欠きませんから、話が途切れるリスクを減らすことができます。

「あのシーン、すごかったね」「どの絵が良かった?」などと、自分が感じたことをフックに切り出したり、質問して相手の感想を聞き出して共感してあげたりすることができます。

もし相手がペラペラしゃべるタイプでなかったら、何を聞こうかなと考えながら鑑賞・体験しておくことです。

それでも会話が途切れたら、お店の良いところ、料理の良いところを探し、「明るくて開放的な店だね」「これ意外においしいね」「このメニュー、なんだろうね?」という話から、「こういうの好き?」「ほかにどういうのが好み?」などと相手の好みを聞き出すのも良いでしょう。

とにかく話題を質問に切り替え、相手にしゃべらせることです。

7 「ちょっと物足りない」くらいで切り上げる

もうひとつ重要なことは、デートの時間は短く、が鉄則です。あまりお互いのことを知らず、さほど盛り上がっていない段階では、デート時間が長いと自分の化けの皮がはがれるからです。**なので、仮に映画のあとにカフェに入っても、できる限り1時間前後で引き上げること。また、デートは「もうちょっと話してみたいな」くらいのタイミングで引き上げるのがちょうどよいです。**仮に盛り上がったなら、なおさら欲張らず、後ろ髪を引かれる感情を残したほうが次につながりやすいでしょう。

食事をするならコース料理がお勧めです。コースならたいてい2時間程度で終わるので、「今日は楽しかったね」で自然に終わることができます。

それと、自分が会話を盛り上げなければならないとか、盛り上がったら成功などと、そこに価値を置かないことです。内向的な人間には場を盛り上げることはほぼ不可能だからです。1~2時間で切り上げる大きな理由もそこにあります。

「いや、でも今日は2時間以上話したけど盛り上がった」と感じたら、それは相手ががんばったからです。

よほど相性が良いならともかく、引っ込み思案な人の会話は基本的に面白くないもの。なのに盛り上がったと思ったら、それは相手の気遣いと努力によるもので、相手は相当疲れたことが予想されます。

私も初デートから数カ月間はいつも食事だけでした。何度か夜の食事を重ね、焦らず慎重に慎重に距離を縮めていく。

そのため、気の利いたレストランの発掘には労力をかけました。接待など仕事での会食を使って店を探し、レストランカードをストックしていました。和食・イタリアン・フレンチを押さえ、親密になってきたときのためにそれぞれ個室のある店を押さえました。

そして何時間も話せるとか、あるいは会話が途切れても気まずくないほど仲良くなったあとで、ようやく週末デートに移行です。

これは相手に対する気遣いにもなります。いきなり週末どこかへ行こうというのも相手もとまどうだろうし、相手も仕事があるでしょうから、平日は夜7時スタートで9時前後に切り上げて帰してあげるほうが負担にならないと思ったからです。

8 雑談の乗り切り方

デートでの会話のほとんどは雑談といえます。

しかし、この雑談にはとても大きな目的があります。それは相手のことを理解し、自分のことを理解してもらうという目的です。

この目的を踏まえると、**その場をムリに取り繕おうとしたり、面白い話をして笑いを取ろうとするのはかえって逆効果。**

自分とは違うキャラを演じていると、その違和感を相手は即座に感じ取ります。ムリしてつくったキャラはすぐに見透かされ、そういう偽った性格を自分にぶつけてくるということは、誠実ではないという印象を与えます。

大事なのは自分の感情を伝えること。好き、嫌い、うれしい、悲しい、といった感情を伝え合うことで、相手と距離が縮まるのです。

できるだけ、相手の感情に寄り添ってあげましょう。批判したりアドバイスしたりせず、相づちを打ちながら相手の話を受け入れ、共感してあげる。これだけでも、相手はホッとし徐々に警戒心をといてくれます。

ただし、頭にきたこと、悲しかったこと、不満に感じたことは、もう少し打ち解けてから。でないと、「この人、なんかネガティブな人だなあ」と思われてしまうからです。話したいときがあっても、笑い飛ばす感じでスカッと終わらせるほうがよいでしょう。

お互いの距離が近づいてきたタイミングで、「さぞご苦労もあったのではないですか?」「ムカつくこともあったでしょう?」などと相手に尋ねてみると、「ええ実は……」「そうなんです!」などと本音を打ち明けてくれるかもしれません。

9

自分の価値観でデートを組み立ててはいけない

一般に、男性は合理性を重視するため、それを恋愛にも持ち込んでしまいがちです。**よくある失敗例のひとつが、デートでの割り勘です。**男性は「男女平等だから割り勘は当たり前だろう」などと言いますが、男女平等とデートでの振る舞いは関係ありません。これは選ばれるための最低限のマナーです。

それに「付き合うかどうかわからないからコストをかけたくない」などというチープな打算がみえみえです。**お金の負担を女性にかけさせない配慮ですので、男性はとにかくデート代はすべて払うことです。**

同じスペックの男性が二人いて、一方はいつもワリカン、一方はいつもおごってくれるとしたら、どちらに好感を持つかわかりますよね。

初回からチェーン居酒屋は避け、ちょっとお洒落なレストランを選ぶこと。

店を知らなければ、友人や先輩上司に聞いたり調べたりして、ゆとりがあればデートコースを下見しておきましょう。道に迷って時間に遅れたり、歩き疲れたりするのは言語道断、頼りない人と思われてしまいます。

レストランの予約は必須です。満席で入れなければ目も当てられませんし、予約することで「あなたとの食事を大切に思っています」とアピールできます。

一方の女性も、「おごられて当然」とさっさと店を出ようとすれば「カネ目的か？」などとコストのかかる女性という印象を与えてしまいます。奢ってくれるとわかっていても、「おいくらですか」と財布を取り出し、とりあえず支払う意思を見せましょう。

と、ちょっと説教口調になってしまいましたが、内向的な人は自分の考えや価値観を優先させてしまうため、「2回目のデートにつながらない」「結婚対象から外れる」傾向があります。

結婚は相手への尊重と歩み寄りですから、「自分の世界の中だけで生きたい」という人には

向かないところがあります。

しかしそれでは前述の通り、将来は引きこもりまっしぐらのリスクが高いですから、ちっぽけな自分のこだわりを捨てる度量を持つことです。

10 言葉遣いに注意しよう

自分から異性を誘うのが苦手な人は、相手を選ぶというよりも、「選んでもらえる人になる」という発想をしたほうがしっくりくると思います。

そのうえで、お互いが気張らず本音を言い合え、平穏な感情でいられるかどうかをまずは自分に問うことです。本音を言って嫌われるなら、不幸な結婚を避けられたという意味でもむしろ好ましいでしょう。

ただし、本音を言うにしてもタイミングや言い方というものは存在します。

婚活アプリで出会うにしても、結婚相談所で紹介してもらうにしても、お互い結婚をするためにそこにいるわけですが、出会った時点ではまだその人と結婚すると決まったわけではありません。

結婚を焦るあまり、最初のデートで子どもの人数はどうするかとか、親と同居してほしいなどと言う人がいますが、ドン引きされるのは確実です。

ここでは、婚活の場面で避けたい「NG行為」について紹介します。

①1問1答の質問攻め

よくあるのが尋問口調で質問攻めにする人です。たとえば、

「どちらにお住まいですか」
「ご出身はどちらですか」
「ご兄弟はいますか」
「趣味は何ですか」
「休みの日は何をしていますか」

職務質問じゃないんだから、1問1答みたいなやりとりをすると引かれます。

確かに効率的に相手の情報を得られるけれど、相手は値踏みされ追い詰められているようで気分が悪いというもの。情報収集を急がず、相手から返ってきた答えを掘り下げて膨らませる

ことです。会話の中で相手の家族の話が出たら、もっと聞いてみる。すると相手は自分の家族のことを聞いてくるから、それに答える。同じ話題でキャッチボールを続けるのです。

②ネガティブな発言が多い

関係が深くなるまで愚痴や不平不満といったネガティブなことは言わないことです。仕事がしんどくてもそれは言わない。家族関係で問題があってもそれは言わない。

なぜなら、明るい家庭が築けるイメージがわかないからです。自分にすがりつき依存されそうなねっとり重い印象があるからです。それこそ、「仕事辞めたい」「死にたい」とか言ってはいけません！　**もし愚痴や不平不満を言いたくなったら、夢を語ることです。**「今はこうだけど、こうなりたいと思ってこんな取り組みをしている」とか。

③自己主張が強すぎる

「私はこう思う」という「自分」を持つことは重要ですが、あまりにそれが全面に出ると、「押しつけがましい人」に映り、会話が楽しくなくなります。「自分はこう思う」と言ったのに相手が「いや、自分はこう思う」とやられたのでは、自分が間違っているかのようなバツの悪さを感じてしまいます。あるいはあまりに強い主張をされると、自分の意見が言えない雰囲気になります。なので、会話では自己主張よりも、「うんうん、わかるわかる」「そっか〜そうだよね〜」と相手の話に共感してあげることです。

④アドバイスする、解決方法を押し付ける、ダメ出しする

これは特に男性に多いのですが、相手の悩みに対しアドバイスするのは余計なお世話です。女性はただ聞いてもらいたいだけで、話して吐き出してすっきりしたいからです。

また、アドバイスは「ここがダメだからこうしたら?」などと現状否定のニュアンスが含まれることが多いので、相手は不快に思います。

ですから普段は聞いて「そっか〜、大変だね、でもがんばってると思うよ」と共感してあげ、「どうしたらいいと思う?」と聞かれて初めて「こういう方法はどう?」と提案するよう心掛けることです。

11 告白せずに恋人関係になる方法

もし一緒に食事中に会話が途切れてしまったら、ニコニコ笑顔で黙って相手の目を見つめることです。すると相手は「何？　そんなにじっと見て」とか「どうしたの？」と聞いてきますから、すかさず「ううん、見とれているだけ」と返せばいい。

すると相手は、「何言ってんのよ〜」とか、「何言ってんだよ〜、ハズかしいだろ〜」と照れながらもうれしそうな反応をするはずです。

毎回同じパターンでは飽きられますから、次のデートのときは「何？　またそんなに見て」と聞かれたら、

「いや、かわいいなって思って」

「ううん、ステキだなって思って」

など、ヨイショにならない程度のセリフで返します。そしてこのときも笑顔で見つめ、笑顔で返すのがポイントです。相手はくすぐったいと思いながらも、こちらが好意を持っていることをしっかり察知してくれます。

この方法をお勧めする理由は、沈黙を活かすためでもありますが、告白せずに済むうえ、自爆を防ぐことができるからです。

内向的な人は、一般的に告白自体が恐ろしくてできない傾向が強いものです。もちろん私もそんな勇気はないですし、いままで一度も告白したことはありません。

また、特に男性サイドにありがちですが、恋愛経験が乏しいゆえに女性との距離感や空気を読むことができず、まだ関係が深まっていないのに突然「好きだ」と告白したり、いきなり手をつなごうとするなど、カン違い行動を取って自爆してしまう人は少なくありません。

一方、この方法なら自分の好意は確実に伝わるので、告白しなくても脈のアリ・ナシが容易

に判断できます。

そもそも「見とれている」というのは「あなたを魅力的に感じている。ていうか、好きだ」ということを暗にほのめかしているわけですから、そう言われても何度もデートに応じてくれるということは、脈ありということです。

しかし「見とれている」と言われて「キモっ」と感じたなら、以降のデートには応じてくれませんから脈ナシということであきらめればよく、思い切って告白したけど玉砕という傷つく経験を回避できます。

仮に最初はキープ扱い・友達扱いでも、会ってくれるなら少なくとも好意を持ってはくれているということですから、同じ方法を続けることで二人の距離がより近づく可能性も高いといえます。

12 リズムと熱量を相手に合わせる

2回目に会ってくれない、交際が続かないという人は、相手の反応をよく観察し、自分がかける言葉の選択や、踏み込むタイミングをよく考えることです。

最初のうちは緊張もあってそこまでの余裕はないかもしれませんが、これはもう場数の世界。相手が笑ってくれたときの話題、相手が身を乗り出して聞いてきたこと、言葉に詰まったこと、躊躇しているように感じられたこと、言いたいことがありそうな雰囲気、イラっとしたような反応、困ったようなしぐさ、これらをよく観察し、アクセルを踏むか、ブレーキをかけるか判断します。相手に合わせる冷静さを持ち、自分が言いたいことを話したり、やりたいことをやったりするのではなく、まず相手を思いやる言動を選ぶ必要があります。

そして焦らないこと。そもそも相手のことを心から好きになるには、ある程度の時間が必要なものです。

たとえばこんな経験はないでしょうか。デートをして、それを思い出して余韻に浸る。メールの文面を必死に考える。過去のメールを何度も読み返してはニヤニヤする。返事が来ないと嫌われたのか、何がいけなかったのかと悶々とする。

次はどこに誘おうかと調べる。ドキドキしながら手をつなぐ。もうキスしていいかな、まだダメかなと迷う。初めてのキスに感激する。ケンカをして反省し、仲直りする。

また何度かデートを重ねる。相手のしぐさや反応を見ながら、そろそろ深い関係になれるかな、と考える。家に帰っても、早く抱きしめたいと思うようになる。体に触れたくてたまらなくなる。どうすればそういう関係になれるか考え、そのシーンを想像してわくわくする……。

そうやって、**相手のことを思う時間の積み重ねによって、相手のことを本当に大事だ、好きだ、という思いが強まっていく。相手のことを考える頻度と時間が、相手に対する強固な愛情を形成していくわけです。**

なので男性は、すぐにデートに誘いたい、すぐに手をつなぎたい、すぐにキスしたい、すぐにホテルに行きたいと焦って先走ってしまいがちですが、それでは警戒されてほぼ100％お断りメールが来ます。

焦らずゆっくり二人の関係を大事に育てること。それには、相手の感情の変化や盛り上がりをよく観察し、彼女のペースに合わせてあげることです。

13 自分が戦える領域を知る

「家庭を築き、維持し、生涯を伴にする」には、相手の性格や価値観、相性のマッチングが重要になります。

20代までのような恋心が燃え上がった勢いで結婚という場合はいざしらず、30代になってくると、多くの人は相手の人間性や社会的な部分に重点を置くようになります。これは比較的婚期が遅れやすい内向的な人にとって、ときに有利に働くことがあります。

こんな話を聞いたことがあります。

「年齢＝彼女イナイ歴」という、ネクラで太った男性が、転職してから1年ほどで職場で彼女ができ、その1年後には結婚を果たした、という話です。

「ネクラでデブ」という、一般的に恋愛・結婚市場では不利なスペックにもかかわらず、なぜ彼は結婚できたのか。その理由は、「カラオケの猛練習をした」からだそうです。

私自身がそうですが、ネクラの人でカラオケが苦手な人は少なくありません。でも、彼はたまたま歌がうまかった。それで自分をアピールするには歌しかない、と考え練習したのです。

そして初めて会社の同僚とカラオケに行き彼が歌いはじめると、女性たちが目を白黒し、まさに二度見状態。「えっ、なんでこんなにうまいの～♡」という注目を集めます。

そして曲が終わる頃には、女性陣から「歌、お上手ですね～、○○とか歌えますか？」という流れになったというのです。彼も彼で、あらかじめ大人女子に刺さるような歌を調査し、持ち歌にしていたそうです。

いわゆる「ギャップ萌え」の応用です。彼は自分がルックスでは勝負できないことを自覚し、自分の得意なものとそれを披露できる環境を探し、「デブだけど歌がうまい」という自分の特技を利用し、彼女をつくることに成功したのです。

なお、先ほどはなるべく女性と二人きりの場所を選ぶほうがよいという話をしましたが、グループで行動したほうが自分の強みがより際立つこともあります。

ちなみにギャップ萌えとは、自分の容貌や性格に対して一般の男性・女性が持っているイメージと、反対の特徴を出すことです。

たとえばデブといえば、身体の動きが緩慢で運動が苦手というイメージがありますが、「デブなのにキレッキレのダンスが踊れる」となるとどうでしょうか。

それで二次会ではクラブなどのダンスが踊れる場所を選ぶと、「えっ、なになにそのダンス、ステキ〜！」というギャップ萌えを演出することができるでしょう。

あるいはネクラな人はたいてい無口ですが、「無口なのに英会話がうまい」となるとどうでしょうか。都心のバーやレストランなど外国人が多い飲食店を選び、そこで外国人とナチュラルな英語でペラペラ会話し始めたら？

「えっ、そんな特技持ってたの？　かっこいい〜！」と、普段あまりしゃべらないからこそのギャップ萌えを与えられるのではないでしょうか。

ほかにも、「ハゲ」の人はおじさんくさいという印象ですが、もし身体をバッキバキに鍛えていたらどうでしょうか。それでサーフィンをしている写真やランニングしている写真をSNSにアップするとか。ハゲというネガティブな要素を打ち消し魅力に転換することも可能でしょう。

もちろん、苦手なのにムリしてギャップ萌えを演出しようとするのはしんどいですからお勧めはできませんが、「自分のイメージとはかけ離れた特技」「自分が生き生きと取り組める方法」を選ぶと、ネクラを跳ね返して異性を惹きつけることができます。

ちなみに私は音痴なので、カラオケなどは墓穴を掘るだけだとわかっているので絶対に行きませんが。

おわりに

自分なりの哲学を持ち、自分なりの成功と幸福を定義し、それを実現する方法を考える「成功」と「幸福」。誰もが憧れるであろうこの二つの要素を、どうすれば両立させられるのでしょうか。

私は新卒のとき、どこにも就職できずにフリーターとなり、初めて就職した会計事務所もミスばかりしてわずか1年でクビ同然でやめました。このように私の社会人生活は挫折からのスタートでしたが、その後コンビニエンスストア本部で実績を上げ、転職した外資戦略コンサルティング会社でも奮闘しました。

そして33歳のときに不動産投資で財を成し、34歳で起業し、その後、紆余曲折を経た48歳の現在、1日の労働時間は2～3時間程度で年収は5千万円以上あります。

通勤の必要もなく、好きなことを好きなときにできるし、いつどこに行ってもいい。他人に嫌われることを何とも思わないため、言いたいことをズバズバ言うので人間関係のストレスがありません。

そして二人の子どもにも恵まれ、本当に自由で幸福です。

そんな経験を経て思うことがあります。

成功する性格や個性が決まっているわけではないし、性格で成功するかしないかが決まるわけでもない。

成功に必要なのは、自分の性格や個性を大切にして生きる姿勢であり、自分が生きがいを感じられる環境に身を置く、あるいは自らそういう環境を作り出すことではないか、と。

いみじくも心理学者のアルフレッド・アドラーが「人は何を持っているのかが問題なのではなく、持っているものをどう使うかが問題なのだ」と言ったように。

そう捉えれば、私自身はもちろんソフトバンクの孫正義氏やマイクロソフトのビル・ゲイツ氏のような、いわゆる「社会的な成功者」というわけではありませんが、「自由とお金、そしてストレスフリー」という点では成功に近づけたような気がします。

そしてこれは「幸福」にも通じるものがあります。

幸せな状態とは、自分らしく生きることであり、自分らしく生きるとは、自分の素の状態で日々を過ごすことである。そのためには、自分の傾向や性質のまま生きられる環境を選ぶか作るかをすることではないか、と。

ただし、幸福を感じやすい性格と、感じにくい性格はあるような気がします。そこでまずは「成功」を目指すことです。

なぜかというと、凡人が成功するには、物事への認知の仕方、つまり受け止め方や考え方を変えざるを得ないからです。

たとえば「そんなのムリ」から「どうすればできるか」に変える、「面倒くさい」から「やってみよう」に変える、「それが常識でしょ」から「もしかしたら違うかもしれない」に変えるといった、思考習慣と行動習慣の矯正が必要です。

そして成功する過程で自動的に幸福を感じやすいマインドが獲得されます。私の周りの成功者もほぼこのパターンで、様々な浮き沈みを経ながらも、成功して幸福を掴んでいます。

この順番にはもうひとつの意味があり、先に幸福感だけを追い求めると、「いまのままで十分幸せだ」という現状維持の発想になり、努力を諦めて自分に言い訳してしまいやすいからです。

ただし、そのプロセスにおいて、どうしても外向型のスキルや行動が求められる場面が出てきます。

たとえば新しい仕事を探す、自分を売り込む、人前で発表する、新しい人脈を開拓するなど、自分の夢や目標を実現するために、自分の快適ゾーンをあえて離れ、落ち着かない環境に飛び込まざるを得ないこともあるでしょう。

私自身も2回転職していますし、不動産投資を始めたころは、毎週末のように不動産業者を訪問して物件を探しました。起業して最初の数年間は、自ら営業に回りました。

書く仕事を増やすために、セミナーを開催したり、出版業界のパーティーに参加したりしました。2回目の結婚のときは、婚活もしました。
こうした動きの結果がいまの状態・環境につながっているのです。

しかしこれも、外向的な人を真似るのではなく、「内向的な人間ならではの関わり方」で十分克服できると私は考えています。それが本書の目指すところです。

内向的な人にとって、快適な環境作りは必須の幸福戦略です。そしてそのために一時の役割を演じる俳優・女優と考えれば、いつもの自分なら躊躇することであっても、なんとか飛び込めるのではないでしょうか。

そしてその戦略の中で、本書で紹介したことがお役に立てたとしたら、著者として大変うれしく思います。

著者

著者略歴

午堂 登紀雄（ごどう ときお）

1971年岡山県生まれ。中央大学経済学部卒。米国公認会計士。

大学卒業後、東京都内の会計事務所を経て、大手流通企業にて店舗及びマーケティング部門に従事。

世界的な戦略系経営コンサルティングファームであるアーサー・D・リトルで経営コンサルタントとして活躍。現在は、株式会社プレミアム・インベストメント＆パートナーズと株式会社エデュビジョンの代表取締役を務める。

不動産投資コンサルティングを手がけるかたわら、資産運用やビジネススキルに関するセミナー、講演を行なう。『孤独をたのしむ力』（日本実業出版社）、『「できないことはやらない」で上手くいく』（WAVE出版）など著書多数。


「人見知り」として生きていくと決めたら読む本

2019年11月22日　第1刷発行

著　者　午堂登紀雄
発行者　徳留慶太郎
発行所　株式会社すばる舎
〒170-0013　東京都豊島区東池袋3-9-7 東池袋織本ビル
TEL 03-3981-8651（代表）
03-3981-0767（営業部直通）
振替　00140-7-116563
http://www.subarusya.jp/
印　刷　中央精版印刷株式会社

ISBN978-4-7991-0833-8